金遣いの王道

林 望・岡本和久

日経プレミアシリーズ

巻端に――経済人と文学者の金遣いを巡る対話

岡本君と私は、福澤諭吉を塾祖とする慶應義塾でともに学んだ仲間――慶應ではこれを「社中」というのだが――ではあるけれど、彼は経済学部、私は文学部で、卒業後の人生行路はまるで違っていた。同じ社中でありながら、卒業以来、そのどこでも私たちの足跡は交わらなかったと言ってもよい。

しかし、今私たちは、二人で協力して一冊の本を作った。経済人同士が談義しての本や、文学者同士の対話の本というものは、かれこれ数多く存在してきたかと思うのだが、経済人と文学者とが「お金」を巡って対話した本というのは、もしかすると本書を以て嚆矢《こうし》とするかもしれぬ。

私は、大学、大学院、そしてその後の教職歴にわたって、一貫して日本古典文学の徒でありつづけた。

すなわち、お金とはほとんど縁のない暮らしであったわけで、何千万とか何億とかいうような単位のお金は、まったく別世界の話であったが、畏友岡本君は、この同じ時期に、一人で何百億、何千億というお金を世界じゅうで動かしてきた、いわば辣腕の投資顧問であった。

だから二人の人生はまるっきり異質であったし、めったと会う機会もなかった。

しかし、ここが不思議なところなのだが、幾星霜を経て、私たちは再び友情を温めるようになり、ときどきに食事などを共にしながら、仕事のこと、人生のこと、家族のこと、趣味のこと、さまざまのことを語りあうようになった。

すると、これほど違った人生行路を辿ってきたにもかかわらず、私たちの人生観、またお金についての観念は、ほとんど同じだと言ってもよいのであった。

そこで、『帰宅の時代』(新潮社)、『新個人主義のすすめ』(集英社新書)、『節約の王道』(日経プレミアシリーズ)などの拙著のなかで、しばしば尊敬すべき友人として岡本和久君の名前が登場するようになったというわけである。

ひとことで言うなら、岡本和久君という人は、俗人ではない。脱俗というか、いや、超俗といったほうがいいかもしれぬ。お金を扱う世俗も世俗、大世俗の境に息をしながら、その心は超然として俗塵に染まらぬ、そういう泥中の蓮のような人である。こういう人は、経済界にはほんとうに少ないのではないかと、私は見ている。

その具体的な考え方については、本書の中身を読んでいただけばよいので、ここでは贅言するに及ばないが、ただ、ふと思い返してみると、私ども二人には、共通する要素も多かったことに気付く。

まず、私たちは、まじめに生きてきた。

人のものを私したり、人をだまして儲けたり、手抜きをしたり、そういう不誠実なことをしてこなかったということがある。

いつだって勉強にも仕事にも前向きに全力投球であったし、その生き方を変えようと思ったこともない。

そうやって、こつこつとお金を稼いで来たばかりのことで、それだからこそ、そのお金を遣うのにも、一定のまじめな遣い方があると信じる、そこが私どもに共通の信念なのであった。

かくのごとき生き方をしてきたについては、私どもの親たちもまた、まじめに生きて、それぞれ私どもに人生の模範を示してくれた、そのことも二人に共通するところである。

次に、私たちは、善い伴侶に恵まれて、幸福な家庭生活を築いてきた。どんなにお金があっても、日ごろから親昵《しんじつ》に語り合う伴侶がないのは、まことに寂しい。だから、善い伴侶を得て、いつも二人三脚で暮らしてきた、それは大きな幸運であったとも言えるのだけれど、しかしこれも、ある意味で日々の努力の集積でもあった。

その結果、いま私は二人の子供と五人の孫をもつ身となったが、考えてみればこれこそ、まことにありがたい幸いであるにちがいない。

そうして、こういう人生のすべての既往の総和が、私どもに、どうやってお金を美しく遣うべきか、ということを教えてくれている。

世阿弥は、『風姿花伝』の序文のなかで、

「一、好色・博奕・大酒、三重戒、是古人掟也」

と教えている。当たり前のことばかりである。

いくら金満家となったからとて、それで銀座や六本木あたりのバーなどに夜な夜な繰り出して、じゃぶじゃぶと金を遣うなどというのは、すなわち昔で言えば、吉原で女郎買いに身上潰すのと一般、好色放埒《ほうらつ》の行いだと言ってよい。そういうことは、私の最も唾棄してとらざるところである。

　また博奕、すなわち、競馬競輪賭けマージャン等、およそ賭け事というものに、私は一切手を染めない。

　せっかく営々としてまじめに稼いだ金を、そういうわけもないことに遣うのは一円だってごめんを被る。だから、その賭け事の一種である「投機」なぞも、私の人生の遠い埒外《らちがい》にある。

　そして大酒。私はもともと醇乎《じゅんこ》たる下戸だから大酒をするはずもないのだが、もし仮に酒が飲めたとしても、おそらくは大酒飲んで暴れ回るようなことはしなかったに違いない。

　やはり、お金というものは、清く稼いで、しっかりためて、そしてきれいに遣って、死ぬるときには、さっぱりと世の中にお返しして無一物で死ぬ、そうありたいものだと思うのである。

　ただ岡本君といささか違う点は、私は、株などへの「投資」をしたことがないことである。それは、投資をするほどの余剰金が手元になかったということも大きな理由の一つだが、投資したいという善い会社を知るに及ばなかったということもある。

いや、それよりも、自分自身への投資——たとえば、自らの学問のために、莫大な投資をして書物を買い集めたり、能楽や声楽を身に付けるために専門の師について本格的に修業をしたり——そういう形での自己投資に、ほとんど全ての可処分資産を引き当てたということが大きい。

これは、人生の楽しみとか、生き甲斐とか、充実感とか、あるいは仕事への利益とか、確実なリターンが期待されるもので、事実私は投資に対して十分過ぎるほどのリターンを受け取ることができた。

さらには、将来への投資として、子供の教育になみなみならぬ時間と手間とお金を投じたということもある。いや、誤解しては困るのだが、だからといって、老後の面倒を子供に見てもらいたいというようなことを思っているわけではない。

そうではなくて、ともかくできるだけの力を尽くして、子供たちに望みうる最高の教育と人生智を与えてやる、そのことは、私どもが老いて死ぬときに、安心して目をつぶることができるということである。この子供への投資は、その「安らかな死」だけが余得で、ほかにはリターンを期待しないのである。強いて言えば、彼らが幸せな人生を送ってくれること、それだけが唯一の報酬でありリターンであるかもしれない。それで、私という人間がご先祖から命を受け継いで、この昭和平成の御代に一時息をしていた意味は充分あったと思って、静かに瞑すべきものであろうと、私は考える。

岡本君のいわゆる「6つの富《フ》」のなかの、良い家族と、良い友と、良い趣味と、を持ちえたこと、そして目下のところは、不自由なく健康でいられること、これらのことを、私はなによりもありがたいことと思い、世の中に感謝しつつ暮らしているところである。

そうして、今までいろいろと苦労もし、努力も重ねてきた既往を振り返り、また未来を望見しながら、わが良き友岡本和久君と意見を出しあった本書が、すこしでも読者のお役に立つことがあれば、幸いこれに過ぎじと申すべきものであろう。

二〇一三年　初冬その日

林望謹んで序す

目次

第1章

人品は、金遣いに表れる……20

――おカネと品格

第5章 資産は美しく遣いきるべし——「減蓄」ノススメ

第1章

人品は、金遣いに表れる

――おカネと品格

読まない新聞を購読する老婦人の美学

岡本●最近、知人の話が印象に残ってね。まさに功成り名遂げた人なんだけど、彼は6歳の時に父親を亡くし、3人兄弟の長男として母親を助けるためにずっと新聞配達をしていたんです。自分の家は貧しくて、新聞をとる余裕はない。そこで近所のおばあさんの家に、新聞を読み終わるタイミングを見計らって行って、縁側などで読ませてもらっていたんだそうです。どうせ古新聞は捨てるだけだからいいだろう、と。

でも、実はそうじゃなかった。彼が成長し、その近所のお年寄りが亡くなられた時、彼は葬儀の場で「あのおばあちゃんは、実は新聞を読んではいなかったんだよ。貧しいお前に新聞を読ませるために新聞をとっていたんだ」という事実を聞かされたんですね。「何と言っていいか言葉にならなかった」と彼は述懐していましたが……。それまで自分が一生懸命頑張ってここまで来たと自負していたけれども、実は自分の全く知らないところでほかの人に支えられていたことに改めて気がついたんだそうです。

このおカネの遣い方こそ広い意味での「投資」ですよね。若い彼の将来のためになると考え、おカネを出す。「いいおカネの遣い方」の身近な例として、思い出したんですけど。

林●いい話ですね。これが「あなたのために新聞をとっているんだから、読みなさい」なんてそのおばあさんが言ったら、相手に負担をかけることになるし、「モノを恵んでやっている」みたいな話になってしまう。

岡本●ある意味「徳」は「陰徳」だから価値があるんですよね。「陽徳」になると押しつけがましい。「利他」だからいい。それに何百万円も出すんじゃなくて、月に数千円という、自分に無理なくできる範囲、自然なんですよ。

ほかにも、いろいろな話がありますよ。たとえばネパールに募金を送るという目的のために、その店で飲む3杯目のビールは飲んだことにして代金を貯金箱に入れる、というルールを仲間内で設けているグループがあったりとか、幼い頃から車椅子の生活をしている人が、成長に応じて使わなくなった車椅子をインドネシアに送るとか……。

彼らは決して無理なことをしているのではない。無理をせず、身の丈にあったサイズで続ける活動を通して、自分の世界が広がったり、相手が喜ぶ姿を見て自分たちも喜びや満足感を得たりしている。そんなおカネの遣い方があってもいいのかなと思いますね。

銀座のクラブに見られる、まこと不毛な経済循環

林●じゃあ逆に、感心しないおカネの遣い方って何だろうか。

たとえば銀座や六本木のバーあたりに行って豪遊しちゃった、なんてことして本当に楽しいんでしょうか。このところ好況の兆しで、そういう店にも客足が戻ってきているみたいだけれど、そういうことって、何がおもしろいのか、私にはさっぱりわからないし、だいいち、大人の行動として実にみっともない気がしてならない。

銀座っていえば、中古ブランド買取、みたいなお店があるけど、ホステスとかに高価なブランド物のバッグをプレゼントして気を引くというのも、何だかみっともないですね。だいたい、「ありがとう」なんて言いながら、もらったホステスのほうは、さっさとそういう中古ブランドショップに行ってそのバッグを現金化してしまったりするようだし。そんなことしても、そのブランド買取店が儲かるだけで、誰も幸福にならないですよね。

岡本●価値を生まないおカネの循環だと思いますね。

林●僕はよく『センス・オブ・プロポーション』ということをよく言うんですが、まあ、おカネがうなるほどあって、100万円、200万円の金額ははした金なんていう人ならまあ、そりゃ一晩に100万単位の豪遊したっていいかもしれない……それだって、ほんとはよろしくないと思うけどね、ま、そういうのは別として、普通の人たちが無理をして見栄や格好をつけるために、身の丈に合わないおカネを遣うんなら、それは生きたおカネの遣い方とは言えないと思いますね。

しかも周りの人は、そんなおカネの遣い方を好意的には見ない。「なんだ、アイツ」と思うだけでね。心から尊敬されることはないでしょう。

岡本●ブランド品についても同じですね。「その人が着れば上品に美しく見える」というものが見ていて気持ちがいいのであって、ブランドだから価値があるわけじゃない。ルイ・ヴィトンのバッグを10代の子どもが持っても釣り合わないんです。

林●そういうのって、日本ならではの文化な気がするね。

なぜあの人は高価なブランド物を着ているのに下品なのか

岡本●僕はアメリカの生活が長かったんだけど、向こうの大金持ちは、ブランド品なんかそんなに着ませんよ。彼らは自分なりの価値観を持っていて、自分の中で「どうでもいい」と思えることに対しては結構ケチなんです。

たとえば、世界各国から招待客を招いたパーティー会場が「自宅のガレージ」だったりするような大きな家に住みながら、飛行機は当然のようにエコノミークラスを利用していたり、成田から東京駅へのアクセスにリムジンバスと成田エクスプレスのどちらが安いかを気にしたり……。新幹線のグリーン車を予約したら、高いと文句を言われたこともあった。いや、富豪と言われるような金持ちなんですよ（笑）。

日本人は、ちょっとおカネをもつと、見栄を張ってファーストクラスに乗りたがったり、良い店に行きたがる人が多いでしょう。でも、そういう案外質素な外国のお金持ちを見ていると、プロとしての本業がちゃんとしていない人ほど、ブランドとか豪遊とか、無駄に自分を飾りたがるんじゃないかと思ってしまう。

林●J・F・ケネディがブルックス ブラザーズの吊しを着ていたのは有名ですよね。今のイギリスのロイヤルファミリーも、けっこう大衆的なブランドの、リーズナブルな服を着ているのに、非常に品がありますよね。一方で、普通の人が見栄を張って月給と同じぐらいする高価なスーツを着ると、かえってみすぼらしく下品に見える。「その人の中身以上に高価な服」って、ただただ下品です。車や家選びにも言えると思うけど。すなわち、自分の身の丈、言い換えると収入とよく釣り合いのとれた比率（プロポーション）の物を買う、身につける、ということ、それがセンス・オブ・プロポーションってことなんです。

それは言い換えれば、「中身がともなわなければ、おカネがかかった格好やおカネがかかった振る舞いほど下品に見える」ということでもある。

僕の考えとしては、自分がこつこつと仕事を頑張って、粛々として儲けた金は、そういう見栄を張るだけのこととか、盛り場の遊興なんぞには遣いたくないわけですよ。

岡本●確かに、今はおカネも『イージーカム、イージーゴー（かんたんに儲けたおカネはすぐになくなる）』という風潮が強い。そんな時代だからこそ額に汗して一生懸命稼いだ金こそに価値がある、という考えを忘れてはいけないと思います。

REASONABLEなコートを買う、という贅沢

林●僕はおカネの遣い方は、長い目で見て「つじつま」が合っていないといけないと思っているんです。

つじつまっていうのは、片側が「おカネの価値」で、もう片側が「自分が得られる満足感」があるということ。遣い方に理由があるイコール、リーズナブルということですからね。理由のないモノにおカネを遣わない。これが正しい大人だと思う。

以前、イギリスのケンブリッジでダッフルコートを買ったんです。ケンブリッジでも古い伝統のある洋服屋でね。すると、出てきたのがレーヨンとウールの混紡のやつだった。そこで、「ウール100%のモノはないのか?」と僕が聞いたら、店主に「それは考え方が間違っています」と諭されました。

ダッフルコートはもともと海軍の兵士のために創られたもので、甲板で〝Watch〟を

する時に海風や波しぶきを浴びるため、その対策として防水性がなくてはならぬ、また軽く作るために敢えて混紡で創っているんだ。レーヨンの入っていないものなんて偽物だと。これこそリーズナブルですよね。ちゃんと商品の背景にREASON（理由）がある。

一つひとつのモノにはそれぞれストーリーがあって、流行に左右されない。そういうところに良さがあると思うんですよね。

岡本●遣ったおカネによって、正当な幸福感を得ているか。何に幸福感を得ているかという話になった時、〝品格〟ということが問われているのです。

たとえば質の高いモノに対して、必要な価値を認める。そしてそのためにはおカネを遣う。それが品格のあるおカネの遣い方だと思うんです。「みんなが買っているから」とか「値上がりを期待して」という買い方は、品格を問われますよね。

林●ニューヨークにあるMoMAなんか、patronage（芸術家への後見活動）の結果でしょう。54億でゴッホを買った、なんていうのはちょっと品格を疑うけど、名もない画家や彫刻家たちの作品を自分たちの眼力で見極め、収集する。そういうことによって、若く無名ながら才能豊かな芸術家を後援し育成する、それが結果として、優れたコレクションとして結実したわけですからね。

別に投資のつもりでやったわけではないですよね。芸術を育てるにはＭｏＭＡのような組織が必要だし、長い目と独自の審美眼、つまり見識があったからこそ大きな価値を生み出した。これこそが品格のあるおカネの遣い方ですよね。

たとえば自分がいいと思って、一つの作品を手に入れたとしましょう。その場合、好きなアーティストの作品を毎日眺められる幸福を手に入れたことで、自分の中のつじつまは合っているんです。

将来的にその作品が高い評価を受けたとしても、それは言わばおまけなんですよね。

岡本●それは本当に投資の真髄だ。お金持ちのおカネの遣い方を見て、大多数の人たちは羨ましいと思うと同時に、「あの野郎」と思っているわけですよね。そうじゃなくて、自分たちにできる本当に幸福なおカネの遣い方を意識するようになると、それほどおカネ持ちじゃなくても、もっともっと幸せになれるのかもしれませんね。

1万円で得られる幸せをMAXにするには

岡本●おカネって、それ自体に価値はないんですよ。単なる交換価値しかない。だけどお金でモノを買うと、「欲しいモノを買えて嬉しい」という幸福感が湧く。つまりおカネと喜びを交換しているんですね。それがなければ、棺桶の中におカネを持っていく、みたいな話になりますよね。おカネを貯めること自体が目的にすり替わってしまって。それでは意味がないでしょう。

僕がよく言っているのは、「I－Oウェルス」という考え方です。

林●それ、岡本くんの会社の社名だね（笑）。

岡本●そう、ここからとりました。Iはインサイド・ウェルスで、Oはアウトサイド・ウェルス、つまり物心両面の豊かさを指しています。「内側の富」は「外側の富×1円当たりの幸福感」。そう規定すると、外側の富は基本的におカネに換算できるわけです。1円当たり幸福感をどれくらい味わえるかは、人によって違う。そのパラメータは何か、と考えてみると、「品格」になるのではないでしょうか。

では品格って何かというと、私は意識の時空の大きさだと思っています。つまり、「いま・自分」のことばかりでなく、世の中全部の遠い将来にまで視野が及んでいる。視座の高さではないかと思っています。

おカネをどう遣うのか。そこに品格があらわれる。

たとえば1万円持っているとしましょう。霜降りのステーキを食べるのもよし、発展途上国の子どものフォスターペアレントになるのもよし。どちらでもいいんだけれども、1万円を全部ステーキに費やすよりも、毎週食べていたのを月1回に減らして、3枚は自分にできる形の支援に回すとか、バランス感覚によってその人の「内側の富の量」＝幸福感は変わってくると思います。

腹がいっぱいになることも幸せだけど、それだけが幸せじゃない。フォスターペアレントになれば、その子から手紙が来る。そこに写真が入っている。「去年よりも随分大きくなったね」とか、確認できるのって大きなよろこびですよ。そういうよろこびが今の世の中、おカネから切り離されちゃっている感じがするなあ。

カネ持ちになるほど下品になる人

岡本●あとね、遣い方次第で、僕は〝おカネの主人〟になる人と、〝おカネの奴隷〟に分けられると考えているんです。おカネの量が増えていく、おカネ持ちになればなるほど品格が落ちていく、こういう人は幸せになれないんですよ。「金の量×1円当たりの幸福感」という意味で言えば、片方が増えても他方が減ってしまっているのでね。

林●どんどん不幸になっちゃう。

岡本●いくら掛け算しても増えていかないし、減っちゃうかもしれない。いちばんいいのはおカネの量に関係なく常に品格が高いというのがいいんですけどね。リッチになるほど品格が高まっていく人は、おカネの主人ですよね。品格が下がっていく人はおカネの奴隷ということなんだと思います。

残念ながら現実は、奴隷になっている人が多いんですけど。

林●非常に重要なことですね。そこがおカネの恐いところで、カネの主人になるのはよっぽど何か自分の内面の充実したもの、あるいは堅固な志のような何か、がないと難しいと思いますよ。

岡本●たとえばビル・ゲイツとか、ウォーレン・バフェットなんかは、全財産の半分を寄付すると言っているでしょう。全米トップ数十名の億万長者が、財産の半分を寄付することを誓約しているそうです。そうなったらとんでもない額のおカネが集まるはずですよね。

もっとも彼らが財産の半分を寄付したとしても、子どもの代、孫の代、その次も、その次も使い切れないくらいの額の財産がまだ残っているわけで。そうなると、寄付など世の中のためになることにしか使いようがないです。そういう人は〝おカネの主人〟と言えますね。

林●イギリスの場合は大富豪と呼ばれる人たち――その多くは先祖代々の領主貴族と産業革命で財をなしたブルジョワなんだけれど――がいっぱいいて、国土の大半を持っているんですよね。

ちなみに日本にはそんな大富豪はいません。戦後の農地解放でほとんどの地主は土地を失って、今や土地を持っているのは法人と一代成金ばかり。しっかりした個人地主は本当に少なくなりましたからね。

というわけで、イギリスでは相続税は事実上ないようなもので、何百万坪というような土地を先祖代々所有しているという貴族がたくさんおり、この土地を担保にしてお金を動かしているんです。それでまた全世界からおカネが入ってくる。で、彼らは、その先祖代々の資産を、どうやったら減らさずに次代に継承させるか、心を砕いています。そのためたとえば、スーパーマーケットみたいな会社経営に汗をかいたり、あるいは保険のアンダーライティング（分担引き受け）をしたり、邸の一般公開でおカネを取ったり、いろいろと経営努力をしています。それはもう、厳しいものです。

こういう構造は日本にはないので、ある意味でいいことではあるんですけど、一面そういう厳しいカネの使い方を知らない成金ばかり増えてしまうという、よくない面もある。

ただ、代々おカネを持っている人たちというのは、さっきのビル・ゲイツじゃないけれども、「どうやって社会のために還元するか」という教育をさかんに受けるんですよ。だから貴族たちの中から、熱心な社会運動家などがたくさん出てくるわけ。社会資本が充実したり、芸術文化を振興したり、そういう支援者がたくさんいることが、イギリスの国力全体を充実させることに役立っているんですよね。

ノブレス・オブリージュと富裕層のジュニア

林●アメリカだと、「いかにして自分の儲けたカネを世の中に役立てるか」を考えるのがカネ持ちになった証なんですよね。それを考えられない人は、結局、真のおカネ持ちとは言えないわけです。いくらおカネがあっても心が貧乏ではだめ。

これが日本だと、大王製紙になっちゃうでしょう。3代目でしたっけ。さっきの話じゃないけど、自分で稼いだおカネじゃないから、おカネの価値がわからないんだね。親からもらったおカネを好き勝手に遣って、六本木で豪遊したり海外のカジノですってしまうんですからね。ああいうのが一番、みっともないねえ。

岡本●アメリカにもまあそういうのもいることはいるけど、一般的な富裕層のジュニアはおカネとのつきあい方もきちんと教育を受けている。その点は、アメリカ社会の健全さの表れですよね。

林●そう、アメリカ人って、実は、あるところで非常に健全です。たとえば政治の世界なら独立検察官というような制度があって、あらゆる権威に屈しないで政治的な悪と対決し、剔《てっ》抉《けつ》しますけど、日本にはそういう制度はありませんよね。

原発の問題にしても、アメリカの原子力委員会はすごく大きな力を持っています。スタッフが２０００人とか３０００人くらいいて、元軍の原子力関係者など、一流の技術者や専門家が揃っている。で、原発の企業の人とは一切コンタクトをとってはいけないんです。そのうえで必要だと認識されれば、いつでも自由に現場に立ち入る権利を有している。日本とはぜんぜん違うでしょ。第三者的で公正な監視がつねに働いているわけです。

まあ、それはちょっと余談だけれど、ともかく、お金持ちになったについては、富をどう世間に還元するか、そこを教育していく社会的な風潮があるように思えますね。

おカネの遣い方は７歳までに決まっている？

岡本●それでいうと、日本では圧倒的におカネに対する教育ができてないですね。最近イギリスで「子どものおカネの習慣＝ビヘイビアー（行動）は７歳までにほとんど決まる」という研究結果が発表されたんです。小さい頃におカネの取り回しとか、教えておかなければいけないということですよね。

おカネの教育は本来家庭が中心であるべきだと持っています。ある意味、教室はおカネから最も遠いところです。しかし家庭はおカネの問題が満載です。スーパーマーケットに買い物に行く時、子どもを一緒に連れて行っていろいろ教えてあげるとか、学校だけに任せるのではなく、家庭でも工夫次第でできることはたくさんあるでしょう。

アメリカの幼稚園では、パーティーを開く時に模擬紙幣を発行して、子どもたちに店を出させることをやっています。「サンドイッチを作った」とか「ゲーム機を貸してあげた」とかに応じて紙幣を流通させるんです。その中で子どもたちは、「何かを欲しいと思ったら、自分の紙幣を手放さなければならない」こと、「手放してしまったら、紙幣を稼ぐために何かサービスをしなければならない」ということを、ゲーム感覚で学んでいくんですね。これはおカネは生活の中で重要なものだという認識がもともとあって、それを子どもの時から感じ取れるようにしようという考えが根本にあるからだと思います。

林●日本ではおカネについて「卑しいモノ」という感覚が昔からあったでしょ。武家の商法が失敗するというのはそこですよ。子どもの頃からおカネに対するセンスが身についていない状況にあって、大人になっていざおカネとうまくつきあっていこうと思ってもうまくいくはずがない。

岡本●海外だと隣の家の芝刈りをしてアルバイト代をもらうとか、犬の散歩とかをしてアルバイト代を稼ぐのは当たり前の感覚ですけど、日本では「子どもを働かせるのか」とか、「余計なことはしないでください」みたいな変な抵抗感が強いですよね。「稼ぐ」ということに心理的なバリアが張られているように感じます。

　そうやって育った子どもが大人になって、とつぜん投資セミナーに行ってチャートの読み方を学んだり、「シミュレーションゲームでいくら儲かった」なんてことをやっているわけですよ。おカネの原理・原則じゃなくて、おカネの稼ぎ方のノウハウ。だから「安く買って高く売ればいいいんでしょ」という考え方になっちゃう。日本の抱える大きな課題ですね。

うまい儲け話などどこにもない

岡本●僕は、モノを買う基準として、「値段で買わない」「人気（流行）で買わない」「自分の価値観で買う」「借金をしてまで買わない」。この4つが重要だと思うんですが、これは、株式投資の基本でもあるんです。手持ち資金でできる範囲で買う。それを守れば、投資は決して危ないものでも恐いものでもないんですから。

林●それは大事なことですね。一攫千金をねらおうとするから、家・屋敷を失うとか、全財産を失ったなんて悲劇が起こる。たとえば「ナントカ牧場」とか、「何故こんな話にだまされるのか」という投資話、詐欺話が後を絶たないけど、これこそ「欲」以外の何者でもない。

岡本●投資の専門の立場から言っても、「うまい儲け話」なんてまずありません。

林●しかしね、たとえば日本で農業を、なんとかして今一度復興し再起させて、新しい産業として育成していこうという志があって株式会社を創るとか、そういう動きがあるとして、そういうところへ投資するという、それはいいことだと思います。いろいろな人がその会社に投資して、仕事が軌道に乗って、その配当が配られる。それならいいんだけど、せっかくいいことをやっていると思うと、似たような詐欺話が必ずと言っていいほど出てくるんですよね。だから困るんだ。

岡本●逆に言うと、そういう詐欺みたいなものに引っかからないための最低限のおカネの知識というものがあまりにないんですよ、日本の多くの人は。

じゃあアメリカはどうなのかと言うと、アメリカだってマドフ事件（ナスダック元会長が架空のファンドを作り総額650億ドルを集めた詐欺事件）とか、いろいろあるにはあるけど、日本のほうがずっと簡単に騙されている。「なんでこんなのに引っかかるのかな」ということにみんな引っかかっちゃう。

たとえばＡＩＧ事件などでは、そんなに高い収益が上がるはずはないのに、専門家のはずの人が資金を投じちゃいましたよね。天下りで下りてきた厚生年金基金の常務理事とか理事長とか、そういう人たちが騙されちゃった。恐ろしいですよね。

林●騙された人たちは、どこかお金に対する感覚が麻痺しちゃってるんですかね。

岡本●年金について言えば、まず第一に、現状が苦しいということがあるんだと思うんですよね。運用がうまくいってなくて、何とかしなくちゃいけない。母体企業から「何とかしろ」とせっつかれる。確定給付型の年金というのは、「退職した後、いくら払いますよ」という約束なので、資産が足りなくなったら母体企業が払わなくちゃいけないんですよ。今みたいに高齢者がどんどん増えてくると、年金の規模がすごく大きくなって、足りない分を補っているると企業収益はどんどん減っていく。

だから「とにかくなんとかしろ」と企業からは言われる。そうすると、自分の任期はどうせあと2、3年だから、その間なんとかうまくいってくれるなら、こういう投資もいいかな、という自己保身の意識が働いているのかもしれませんね。

林●タコが自分の足食うようなものですね。

ビルの建設ラッシュがあると著名彫刻家が儲かる仕組み

林●だけど僕が解せないのは、公的年金なんかがやたらと謂うところの厚生施設を創って、何百億円とかけたハコモノを数億で売ったりするじゃない。ああいうのは、明らかに、モラルの欠如ですよ。

岡本●グリーンピアですね。確かに。あれはもともと年利5・5パーセントで回せていたからできたことなんですよ。当時は株価がずっと上がっていたので、楽勝だったんです。何で5・5パーセントかというと、厚生年金基金制度ができた1966年だったかな、あのときの公定歩合が2000年代に入ってもずっと続いていたんです。

株式市場が上昇しているときは簡単にできていたことが、突如としてバブルが崩壊してしまって、それでいろいろな問題が浮上してきた、というところでしょうね。それまでの年金資金を遣って、余った金で銅像を建てるとかね。それもできなくなってしまった。

林●そうすると、著名な彫刻家などに銅像を創るようご下命があるわけですよ。そこで、彫刻家は写真を元にちょいちょいと銅像を創って、しこたま報酬をもらう。時には自分の弟子にやらせたりしてね。ビルの正面入り口脇なんぞに置いてあるモニュメント彫刻なんかも、そういう利権的な産物なんですね、実は。

ビルの建設ラッシュなんかがあると、彫刻家はすごく大儲けできて、ベンツに乗ったりしているわけです（笑）。

岡本●バブル時代は結構そういうことが横行してましたよね。今また景気浮揚のためにいろいろやろうとしているみたいですが、あの頃との大きな違いは、「やりたくても国にお金がない」ということです。だからもうあまり極端なことはできないでしょうけど。バブルの頃って法人税収も多かったから、財政は割と健全化してたんですよ。だけど、税収が落ちてきたことによって、財政はすごく悪化しちゃったんですよね。

さっきのビルの前の銅像の話じゃないけど、被災地の支援のための資金がどこかの地方の「ゆるキャラ」を創るために遣われてるとかね、似たような話は今でもありますね。大きな災害が来て、そのためだったらおカネを遣わなきゃいけない、という誰も抵抗できないような大義名分があると、ワーッとたかってくる奴がいるんですよ。被災地支援の資金が何故これに遣われているのかなと思うのがいっぱいありますよ。

振り込め詐欺増にみる病理

岡本●最近「母さん助けて詐欺」に名称が変わった振り込め詐欺だって、常識で考えればちょっと考えられないでしょう。ちなみにうちの女房のところにも電話かかってきたんですって。「かあちゃん」なんて言ってね。よく考えたらうちには息子はいなかった、いつ息子ができたのかなって（笑）。でもそんな安直な芝居に引っかかる人がいるっていうこと自体、驚きですよね。

振り込め詐欺の場合は、必ずしも欲に駆られてというよりは人情に訴えられるわけで、被害者に非があるわけじゃないですけど。

それにしても、僕は個人的には自分の子どもの声を聞き分けられないっているのは解せないなあ。

林●しかも毎年何十億というカネがそれで奪われているんですものね。あれって一面的には普段から子どもとのコミュニケーションができていないということの表れなんだけど、それ以上に子どもを信頼していないというところがあるんじゃないかと思うんですよね。

たとえば「上司のおカネを遣い込んだ」と言われても、「自分の子どもがそんなことをするわけがない」という信頼があれば、詐欺には引っかからないわけでしょう。ちゃんと子育てをした人なら、騙されようがないいんじゃないかと。子どもに対する教育投資をきちんとしてこなかったとか、学生の頃から問題を起こしていたとかが背景にあると思いますね。

岡本●きちんと教育をしてきて、子どもを信頼している母親なら、「親を頼らないで自分できちんと処理しなさい」というはずですよね。そう言うべきです。

林●不思議なのは「オレ、オレ」って息子になりすます話ばかりで、娘が騙すっていう話はあまり聞かない。娘はちゃんと家族とコミュニケーションが取れているということなんでしょうかね（笑）。

いずれにせよ、詐欺増加の背景にあるのは、家族のコミュニケーションの希薄化かもしれず、そう考えるとなんだか悲しい気がしますね。

岡本●それにしても、おカネの遣い方ひとつで、家族のあり方までどんどん話が膨らむものですね（笑）。

第2章

カネは4つの用途に分けるべし

——遣い方のセンスを磨く

「遣い方のセンス」を磨く第一歩

林●さて、ここからは、どうすれば金遣いのセンスを身につけていくことができるか、考えてみましょうか。

ただ、さっき話したように、日本人には「おカネの話をすること自体」が品が悪い、という空気があるでしょう。その前にまず、ここをクリアしなければ話が先に進まないよね。

僕の子どもの頃は、「おカネについて話すのはタブー」のような教育を受けた記憶があるんだけど、岡本君はどうだった？

岡本●そうでしたよね。そしてその風潮は、今でも残ってる。

僕はよく、中学校や高校で出張授業をするんですが、いつも最初に「おカネのイメージは？」と質問するんです。これまで千人以上の子どもに聞いてきましたが、ほぼ3分の2の子どもが「おカネは汚いもの」と答えるんですよ。そして「では、おカネ持ちのイメージは？」と聞くと、同じくらいの比率で「悪い人」という答えが返ってくる。

日本人が持っているこのマイナスイメージは、一体どころから来ているんでしょうかね。

林●僕の考えでは、江戸時代にルーツがあるんじゃないかと。

日本は江戸時代に、米を中心とした経済から貨幣経済へと移行しましたよね。

僕はね、日本人のおカネのイメージは、どこまで貨幣経済が実効性を持っていたかということと関係があるように思うんです。今でも一部の農村などに行くと、都市生活者ほどおカネを遣わず暮らしていたりすることがありますよね。それでも生活には支障がないんです。なぜかと言うと、近所や親戚同士で「たくさん大根が獲れたから、お裾分けにどうぞ」「じゃあ、御礼にウチで獲れたお米を持っていってください」というような交換をする習慣、いわゆる〝物々交換制度〟がまだ生き残っているからです。

こういう社会だと、どれだけおカネを持っているかという「見せかけの豊かさ」と、「実際の生活上の豊かさ」とは、一致していないところがあるんですね。

岡本●そうでしょうね。

林●江戸時代の農村では、もっとその傾向が強かったはずですよ。だから極端なことを言えば、貨幣経済は「都市」、なおかつ「商人」と「武士階級」の間だけに存在する話だったのではないかとすら思いますね。

自分で生産しない武士は借りる一方、商人は貸す一方。そこで借りた物を返さないというトラブルが発生したり、おカネをめぐっての利権争いや、賄賂《わいろ》といったおカネの遣い方が生まれてきた。「武士はおカネがないけれども権力を持っている。商人はおカネを持っているけれども権力がない」という社会構造の弊害としてね。

これを武士の視点から見れば、「おカネのようなものに手を染めるのは悪い奴である」という考えになってしまう。水戸黄門でいう悪代官とつるんだ悪徳商人ですよ（笑）。

当時、識字率が高くて世の中の思想をリードする人たちは、武士階級と商人が主だったわけだけれど、彼らはそのような考えを持つようになった。「高潔な武士はおカネなどには関わらない」という戒めをこめてね。

林家における「武士は食わねど高楊枝」の美学

岡本●武士は食わねど高楊枝、ですね。

林●そのとおり。それが幕末まで続いていたし、明治になっても、士族や平民という形のヒエラルキーは残っていたでしょう。世論をリードしていた士族がそういう考えを持っていると、社会全体が「おカネは汚い」というムードになるよね。

僕の家は、田安徳川家に仕えていた下級武士だったんですが、父は子どもの頃、「おカネは不浄なものだから持ってはいけない」と徹底して教育されたんですって。だから小学生・中学生になっても、1円のおカネも持たされなかったそうです。祖父が職業軍人で、さほど裕福ではなかったからお小遣いをはずんだりできなかったということもあるんだろうけど、僕から見ると「武士の家の子だから、おカネなど不浄のものには触れずに育てる」という教育的側面が強かったと思うんですよね。おカネを持って歩くのは「町っ子じゃあるまいし」とよく祖母が言っていたそうです。

まるで江戸時代ですよ。そんな遺風が僕の子どもの頃にもまだ残ってましたね。まあ、父はしがない安月給の役人だったから、経済的余裕もなかったんだろうけれど、やっぱり僕も、小学校中学校の頃までおカネを持ち歩くことはなかったですからね。

岡本●うちも松山藩の士族の末裔で、子どもの頃お年玉をもらったことがなかったんです。

「なぜお年玉をくれないのか」と聞いたら、「あれは商人の家がするもの。うちは士族だから、そういうことはしない」と言うんです。まあ、それが本当の理由だったかどうか、今となってはわからないですけどね（笑）。

もう一つ今でも忘れられないエピソードがあります。僕が結婚する時、妻の家に両親を連れて挨拶に行ったんです。その時に父が先方に最初に聞いたことが「お宅は士族ですか」と。妻も私も大変驚いたのを覚えています。70年代の初めでしたけど、まだそういう雰囲気が残っていたんですからね。

林●確かに。僕も子どもの頃、おカネはずっと持たせてもらえなかったけれど、誇りだけは高く教育された記憶があるなあ。駄菓子屋には入ったことがなかったし、当時流行っていた紙芝居を見たこともなかった。「あんなものは卑しいものだから見ない」などと言って、子どもながらまさに自分でも「食わねど高楊枝」を装っていましたよ。いやらしい子どもだよね（笑）。

なぜおカネは不浄のものとされるのか

林●でも、本音はというと、他の家の子がお年玉をたっぷりもらっているのを見て羨ましかったんだけどね（笑）。

岡本●そうそう、お年玉は羨ましかった。林君と同じように、僕の家も紙芝居代や駄菓子を買うおカネはもらえなくて。

だから友達が5円とか10円持っていて駄菓子屋でお菓子を買っているのを見て「いいなあ」と思っていた。ときどきおごってもらったりしてね（笑）。改めて考えてみると、当時のおカネは、生活をしていく上でなくてはならないものではなかったんでしょうね。いわば生活のうわずみみたいに、漂っているような。日本全体として、少なくともおカネがすべてではなかったんだと思いますね。

ところが80年代の後半、バブルですべての人におカネが行き渡るようになると、節度がなくなり大変なことになってしまった。「おカネは汚いもの」で育ってきて、遣い方をほとんど考えたことのなかった個人が、急におカネを手にしてしまったからですよ。

林●そうそう。おカネの遣い方を知らないから失敗をする。モラルのない遣い方をして、恥ずかしいことになる。

ブランド品を持つほど格好いいなんてばかげた風潮も、この時代に蔓延しましたよね。あれこそ、「遣い方を知らないがゆえの恥」の典型のようなもの。

岡本●そしてバブルが崩壊して、不況になり……子ども時代に、バブルに浮かれてばかげたおカネの遣い方をする大人たちを見て育ち、不況期に社会に出て、そのままずっと苦しい時代を過ごしてきた若者たちが今、子どもたちの親になっている。

そう考えると、おカネに対するイメージがなかなか向上しないのも当然ですよね。

コンビニでお茶を選ぶときに問われる哲学

林●でも、おカネは誰の人生とも切り離せないものであるし、貯め込むだけじゃなくてきちんと遣うことが、じつは最も大切なことなんだと思いますね。

「吝嗇《ケチ》一辺倒でなしに、遣うべきところは遣う人が美しい」という個人レベルの話だけではなくて、おカネを回すことで日本の社会全体がよくなるっていう。いや、自分で『節約の王道』なんて本を書いておきながら何だけど（笑）。もっともあの本は、カネに吝《しわ》くせよというう主張を書いたのではなくて、合理的なカネの遣い方をしようという勧めなんではあるけれどね。

岡本●いやいや、よりよく遣うためには節約が必要なんです。個人が消費しなければ、多くの企業は潤うことはなくて、国の景気は一向によくならないですからね。

林●そうなると、貯め込むだけ貯め込んでいる奴は、自分のことしか考えていない奴、とも言えますかね。

岡本●おカネを遣うこと自体、一種の社会参加ですよね。コンビニに並んだ複数のペットボトルのお茶の中から、あるメーカーの商品を選んで買うことは、そのメーカーの利益に貢献していわけですから。

株式投資も同じ、応援したい企業があればその株式を買って株主になることで、その会社を通して自分のおカネを働かせていることだし、経営に発言権も持てる。

どの商品を買うか、どの会社の株式を買うか、という部分が個人の選択であり、その人の持っている価値観が問われますよね。

林●社会的責任と言うとおおげさかもしれないけど、コンビニでどのお茶を買うかも、なんとはなしではなくて、ちゃんとした自分の軸を持って選ぶ。きちんと選択をするためには、社会の動きにも敏感にならなくてはならない。遣い方のモラルというのはそういう部分も含んでいるんですよね。

日本人は投資嫌いの国民性

岡本●株の話が出たところで、さっきの話にもどると、投資に対してはマイナスのイメージを持っている日本人は今もすごく多いんですよね。

林●岡本君は投資の専門家だから、マイナスイメージで苦労することも多いんじゃない？

岡本●そうですね。日本人は特に「投資嫌い」な国民性のようですね。

預貯金や保険を利用している人は多いんですよ。２０１３年６月末の統計を見ても、現金・預金が860兆円で家計の54・1パーセント、保険・年金準備金が434兆円で27・3パーセントを占めるという結果が出ています（日本銀行調査統計局）。一方、債券や投資信託、株式・出資金を合計しても232兆円、家計全体に占める割合は14・6パーセントに過ぎない。米国ではこの数字が約55パーセント、ユーロ圏でも30パーセント弱です。

つまり個人金融資産の8割が預貯金や保険。世界的に見ても珍しい現象ですね。

林●今、アベノミクスやNISAで盛んに投資、投資と呼びかけているけど、「投資には手を出さない」という人がまだまだ多いんでしょうね。実は僕もそのひとりなんだけどね。

なぜ日本人は投資が嫌いなんだろう？

岡本●長年見てきた限りでは、明確な理由はあまりなくて、「なんとなく嫌い」という人が多いようですね。投資は難しいとか、恐いとかいったイメージが先行して、「おじいさんの代からの家訓だから……」「ずっと働くから」などやらない理由を無理矢理作っている人が多いような……。

名前を知られている有識者の中にも、「投資なんて、まっとうな人間のやることではない」とか言う人がいます。実はその人も株式会社に所属していたりしてね（笑）。

確かに一攫千金をねらって投資、というのはいただけないし、働いて対価を得ることが大切なのは言うまでもないことです。

だからといって投資が悪い、という論理は成り立たない。本当は一攫千金をねらうのは投機なんです。そこのところをこれから話させてください。

未来の自分におカネを運ぶための方法とは

岡本●日本人は、投資を「不労所得」ととらえている人が多いようです。

林●だからこそ、「働くことは尊い」のアンチテーゼとして、投資でおカネを増やすことにマイナスイメージを持っているのかもしれないですね。

岡本●まず投資と資産運用はちがう。投資はまさに「資金を投ずる」。つまり自分のおカネを応援したい会社に融通して遣ってもらう。一方、「運用」は文字通り「運んで」「用いる」ことです。

支出よりも収入が多くなければ、生活は成り立ちませんよね。でも、働けなくなることは考えられるし、誰もがいつかは退職し、収入が入ってこなくなります。ですからそのときに備えるためにも今、持っているおカネを賢く運用、つまり「運んで」おいて、未来に「用いる」というわけです。

この、〝資産の耐空飛行時間〟を伸ばす手段が投資であり、資産形成なんですね。資産運用は全金融資産を対象に、人生を通じて管理していくことです。

林●なるほど。将来の自分におカネを運ぶんですね。

ルーレットと競馬と株式投資の相違点

岡本●もう一つ、ぜひ理解していただきたいのが「投資」と「投機」は違うということ。「投機」は結果の法則性のないものに賭けることです。サイコロを振る、ルーレットを回す、コインの裏表を当てる。これらはいずれも、結果に法則性がありません。結果に法則性がないということは、外れるリスクを自分でコントロールできないということです。

一方でパチンコや競馬など、台を選んだり事前に馬の状態を見て判断したり、経験を積めばある程度のリスクコントロールが可能なギャンブルもありますよね。

これを進めたのが株式投資だと僕は思っています。株式のリターンにはある程度の法則性があり、それを理解したうえで投資すればリスクコントロールができる。つまり「運を天に任す」のが「投機」、「結果に法則性があり、ある程度リスクコントロールできる」のが「投資」なんです。

加えて投資には、短期投資と長期投資があります。短期投資はあくまで株価を対象に株式を売買して儲けること、長期投資は会社を所有して財産を育てることです。

これを一生という長い時間軸の中で、どう全資産を管理するのかが「運用」と考えるとわかりやすいのではないでしょうか。

預金で資産を増やすには、縄文時代からの貯金が必要？

林●なるほど。株式投資は自分でリスクコントロールができるわけね。もっとも巷でよくある「懇意にしている営業マンに勧められた銘柄だから買う」という買い方ではリスク回避はできない。人任せでなく、自分の軸を持って投資する会社を選び、自分の資産を運用するという考え方が大切なわけですね。

昔は「株屋」とか「相場師」なんて言葉があったように、株式投資というと、やはり投機的な悪いイメージがつきまとっていましたよね。そのイメージから今でも抜け切れていると は言い切れないけれど、「資産運用」と考えれば当たり前のことだし、人任せにしないことで、安心を前提にした「投資」だってできるわけだよね。今みたいに普通預金の利息がほぼゼロという状態では、銀行に預金しても「タンス預金」みたいなものだからね。何か自分で手を打たないと。

岡本●ちょっと計算してみたんですけど、今の定期預金の金利である０・０２５パーセントの複利で、どれくらい運用すれば資産が倍になるかというと、縄文時代の終わり頃からという計算結果になるんですよ。０・０５パーセントで、ちょうど聖徳太子の時代。

林●縄文時代？　とんでもない……宇宙的な話だね。

それでいて、銀行のＡＴＭは手数料取られることもあるでしょう、送金の手数料だってめちゃくちゃ高い。「ふざけるな」って僕は言いたいですよ（笑）。

遣い方のモラルは貯金箱が教えてくれる

岡本●僕の会社では去年の末、アメリカのある会社の子ども向けマネー教材の輸入販売提携をしたんです。

子豚の形をした貯金箱なんだけど、投入口が4つに分かれていて、それぞれの口から入れたおカネはお腹の中の4つに区分された部屋に入る。そして、各部屋はそれぞれ1本の足につながっていて、足からおカネを取り出せるわけ。4つの部屋には名前が付いていて、「何に遣うか」のステッカーが貼れるんです。たとえば、スペンド（つかう）がハンバーガー、セイブ（ためる）が自転車、ドネイト（ゆずる）がギフトボックス、そしてインベスト（ふやす）が学帽。

これはアメリカのマネー教育素材として使われていて、子どもはこの貯金箱におカネを入れることで、手持ちのおカネを「消費・貯蓄・寄付・投資」の4つの用途に意識的に分けて遣うことを覚えていくんです。

林●おカネの遣い方が学べる貯金箱かあ。面白いね。

岡本●そう、だから「貯金」箱ではない。貯金も含めておカネをどう分配するかということです。私はこれをハッピー・マネー®四分法と呼んでいます。今欲しいものに全てのおカネを使ってしまうのではなく、少し大きいものを欲しいときはおカネを貯め、大きな買い物をして大きな喜びを得る。また、自分が良ければいいのではなく、世の中で困っている人たちのためにもおカネを遣う。それによって「人が喜ぶと自分も嬉しい」ということを学んでいくんですよ。

さらにずっと将来、たとえば大学を卒業したあと、海外留学をしたいという夢があれば、そのためにおカネを増やしておかなければなりませんよね。そのためにはおカネにも働いてもらう必要がある。つまり、ずっと将来のために必要なおカネは、今すぐ必要なわけではない。しかし世の中には、今すぐおカネを必要とする会社もあるから、そうした会社におカネを融通し、世の中のためになる事業を行ってもらう。社会に役立つビジネスをすればみんなから感謝をされて、その会社は大きく成長をし、利益を上げることができる。その利益の一部が「おカネを融通してくれてありがとう」という感謝を込めて戻ってくる。このようなおカネとの多面的な付き合いを、ハッピーマネー®四分法で自然に学べるわけです。

給料の遣い道は4つに分けて考える

林●なるほど。おカネを「消費・貯蓄・寄付・投資」の4つに分けるという考え方は面白いですね。大人でも応用が利きそうです。

月給をもらったら、「今欲しいもの・必要なものに遣うおカネ」「将来の自分のために遣うおカネ」「誰かに喜んでもらうために遣うおカネ」「増やすためのおカネ」に分けて、配分を考えてみると良いかもしれない。意識的にやらないと、漫然と遣ってしまって「今月はこれだけしか残らなかった」ってことになりがちでしょ(笑)。

岡本●この貯金箱、アメリカでは4歳からのマネー教育素材として使われているんです。全世界ですでに120万個売れているそうです。

僕は「今・自分」という小さな枠に閉じこもりがちな子どもたちの意識を、時間的にも空間的にも拡大してあげることができる素晴らしい教材だと思ったんで、日本で販売することにしたんです。これが少しでも日本の子どもたちの意識改革につながってくれればいいですね。そして、その子たちが20年か30年後、日本経済を担う中心的な存在になった時に、その効果が本当に発揮されればいいなと思っているんです。

実を結ぶかどうかはわからないけど、まあ、これも一種の長期投資ですね（笑）。

女性の育ちの良さが垣間見える瞬間

林●マネー教育といえば、一つ思い出したことがあります。

僕は若い頃、慶應義塾女子高校で教師をやっていたことがあるんですよ。そこは日本のお金持ちの子女たちが、雲霞のごとく集まっているといってもいい学校だったんですけど、教え子の中にさる超有名企業のオーナー一族のお嬢さんがおり、僕はちょうど彼女たちの修学旅行の引率としてついて行きました。何の気なしに見ていると彼女は、毎日遣ったおカネをきちんと出納帳に付けてるわけ。

「ははあ、この子の家は家庭教育がしっかりしていて、おカネに対してもちゃんとモラルを教えてるんだろうな」とゆかしく思ったことを今でもはっきりと記憶しています。

岡本●育ちの良さってそういうところに現れるんでしょうね。

林●その子が今、どうしているかは知らないんですが、きっと立派な女性になっていると思いますよ。

「貯める」と「増やす」は分けて考える

岡本●もう一つ、強調しておきたいのが「貯める」と「増やす」の違いですね。日本の場合、多くの人が「貯める」と「増やす」の違いを理解していないように思われますね。でも、これは分けて考えたほうがいいんです。

貯めるというのは、招き猫の貯金箱に500円ずつ入れているようなもの。確かに500円入れ、さらに500円入れれば1000円になります。しかしそれは増えているのではなく、ただ単に貯まっているに過ぎない。増やすというのは500円を550円や600円にするってことなんです。

林●そこの区別はあまりできていないよね。運用にまわしたおカネも貯金の一部、みたいな感覚の人が多いんじゃないかな。

そうではなくて、はじめから貯金しておくおカネと、増やすためのおカネを別個に考えることが重要なんですね。

岡本●そうなんです。さっきの貯金箱の4つの用途でいくと、「貯蓄」と「投資」は別の入り口ですから。減っては困るおカネまで、運用のリスクにさらしちゃいけないとも言えます。

何におカネを遣うかは、どう生きるか

岡本●投資って深く考えていくと、けっこういろんな気づきがあるんですよね。

たとえば1枚100円のチョコレートを買ったとしましょう。この中には、南半球の暑い地域で毎日毎日カカオの実を採っている人の生活費も含まれているし、カカオの実を日本に運んでくる人の労賃、加工工場で働く人の給料、それを売る人たちの生活費など、多くの人の労力に見合うおカネすべてが含まれています。もちろん人件費だけでなく、輸送にかかる

コストや、販売店舗の運営にかかる費用の一部も。

つまりチョコレートの原料の生産、加工、輸送、そしてその作業を可能にしているあらゆる商品やサービスを提供している人すべてが関わっているわけですね。1枚のチョコレートを買うと、それによって世界中の人とのご縁のつながりを感じることができる。世界中の人たちの「美味しいチョコレートを作りたい」という気持ちが、おカネによってチョコレートの形になっていることがわかるでしょう。

林●1枚のチョコレートを買うだけで、遠い、暑い国の知らない誰かの生活の役に立てるということを考えると、感慨深いものがあるなあ。

岡本●また、投資をすることで人生の時間を意識するようになるんです。投資で成功するにはいかに時間を味方につけるかということが重要です。時間とどのように付き合っていくかということは、そのままどのように生きるかということに関係します。

つまり、おカネと投資について学ぶということは、我々が「ご縁のネットワーク」の中に存在していて、その中で「どのように生きていくべきか」を考えることにつながってくるんです。

その意味では、単に金銭だけの問題ではなく、人生そのものにも深い気づきを与えてくれるものだと思いますね。

品格あるチョコレートの選び方とは

林●面白いねえ。そのようなことは誰も教えてくれませんからね。

そこを突き詰めていくと、さらに見えてくるものがあるわけだ。昔の植民地主義の横行した時代、カカオ豆を作るプランテーションでは、白人は搾取する一方で、アフリカ人やアジア人は単なる労働力、それもひどく劣悪な条件で働かされて、西欧諸国の富に隷属するという構造になっていたでしょう。

今ではフェア・トレードという、正当な報酬を払ってアジアやアフリカなどの諸国で農場を経営することで、現地の富の蓄積や、教育文化、インフラの整備などに役立つようにしたいという、脱植民地主義的思潮が現れ始めた。これは大きな進歩だと思いますよね。僕も、チョコレートや珈琲豆を買う時はもっぱらこのフェア・トレード製品を買うように心がけてるんだけど。すべてはおカネという「仲立ち」を介して、生活が営まれていくこと、そこには当然モラルがなくてはいけないことなどを学ぶのは大切なことだと思いますね。

岡本●そう。日本をこれから強く元気にしていくためにも、こうしたおカネの背景にある社会のしくみを教えることが必要だと思います。出張授業で子どもたちにこの話をすると、本当にしっかりと理解をしてくれますよ。結局、このような話をしてあげる人がいないところに問題があるんでしょうね。

林●そうだよね。おカネはそれ自体が悪いのではなくて、1章で話したような「モラルのない遣い方」をするところに問題があるわけですからね。遣い方のセンスを、次世代になんとしても教育していかなくてはなりませんね。

岡本●さっきも言ったけど、バブル崩壊以降、厳しい環境の中で社会人生活を送ってきた親たちは、子どもたちに対しておカネの良い面の話がしにくいのかもしれませんね。むしろ退職した高齢者は、社会人生活の半分は経済的に明るい時代を生きた人たちだから、いろいろな前向きの話ができるでしょう。今こそ彼らの出番かもしれないし、この世代が果たすべき責任なのかもしれないと思います。

教育って基本的に国づくりですよ。もちろん自分の子どもは、しっかり教育しなければいけないけど、同時に前の世代、あるいは前の前の世代の人が、小さい子どもを育てるということに、世代としての責任があると僕は思うんです。今は少子化の時代だけど、「私は子どもがいないから教育は関係ない」というのではなくて、子どもがいようがいまいが、ある程度の年齢になったら次の世代の教育のために何かをする。それが人間としての絶対的な責任だと思いますね。

うちの娘はまだ結婚していないから僕には孫もいないんだけど、「日本じゅうの子どもは、全部僕の孫だ」と思って教育しようと思っています。

子どもや孫がいない人も、そういうふうに、視野を少し広げて考えたほうがいいと思うなあ。

カネ儲けは、成績表のようなもの

岡本●カネ儲けって本来、どれだけ、世のため、人のために貢献できたかの成績表のようなものだと思います。

おカネについて考えることは、実は自分自身の人生や生き方を真面目に考えること。これまで個人レベルの話をしてきたけど、それができるようになれば、おカネが介在する商売、ビジネスも「我も良かれ、人も良かれ」という発想で捉えられるようになるはずですよね。

林●WIN－WINというやつですね。

岡本●その考え方はずっと昔からあって、近江商人は「三方よし」ということを言っていたでしょう。「売り手よし、買い手よし、世間よし」の3方が満足するのがよい商売であると。

僕は最近、それでは足りないのではないかと思うようになってきたんです。現代の社会では、生活者が消費者であり、従業員であり、また資本の出し手として企業と関わりを持つようになってきているでしょう。その意味では、生活者がそのまま企業の総体に等しいと言えますよね。

たとえば投資家があまりに高いリターンを要求するならば、企業は値上げをして消費者を犠牲にしたり、リストラをして従業員を犠牲にすることになりかねない。つまり「生活者＝企業」がどうバランスを取り、最適化をはかるかという問題になってきているのだと思います。

さらに、「生活者＝企業」が3つの面で責任を負っています。1つは「命よし」。あらゆる生きとし生けるものの命を大切にする社会を作る必要がある。次が「地球よし」。環境が保全されてこそ人類もこの地球で生きていられる。最後が「未来よし」です。我々の子孫たちがよい生活を送れるような基盤を、我々が今構築する必要があると思います。これが現代的な「三方よし」ではないかと考えているんですが。

おかしいと思う企業の製品は買わない、という美学

林●つまり、子孫にツケを回さないということでしょう。僕も全く同感です。たとえば原発なんかは特によろしくないよね。死の灰がどんどん溜まり、それが地球を破壊して子孫の命も危うくしてしまう。原発で作った電気を販売するということ、それ自体が、いわばフェアトレード的ではないんです。我々の時代でリスクを極小化し、未来を考えるという「志」が経済人にも市民にもあらまほしいね。目先の欲得にとらわれるのでなしに。

岡本●現代的な三方よしの観点から見て「おかしいな」と思う企業があれば、まず消費者としては、その企業の製品は買わないという選択をする。次に、投資家として企業トップに手紙を書くなりして声を発する。さらに、従業員としても唯々諾々と上司の言うことに従うのではなく、「おかしい」と思ったら「おかしい」と言う。

林●そうか、株式投資をするということは、企業に対してそういう発言権を持てるようになるという側面もあるんですね。

岡本●そうなんです。社会参加としての意味ももちろん大きいんですよ。

僕は数年前から「株主になって配当金をもらったら、お礼の手紙を社長に出そう」という運動をしています。「私は小さな株主ですが、御社を応援しています。今度は配当金をありがとうございました。これからも私たちのためによい会社づくりに貢献してください」とかね。心のこもった実筆の返事が社長から来たり、あるいは苦情処理係へまわされたりと会社の対応もさまざま。これで会社の姿勢もわかるというものです。

こうして、企業に対して声を上げていくという態度が、実は日本を、世界を良くしていくことになるんだと思うんですよ。もっと生活者が声を出していくべきだね。今の日本にはそれが欠けている気がするなあ。損得でしか物事を見ていないような。

林●でもごく片隅ではあるけれども、従来の大手企業や経営者団体などに所属をしていない人たちが、かなり突き抜けた考えを持ちつつあるようにも見えるね。これは明るい材料ですよ。

　とはいえ今の大手企業のタヌキ親爺のような経営者を見ていると、「この国はこの人たちに任せていて大丈夫か」という気がしてくる。未来はないと思うんですよね。

　昔の経営者は土光さんなどを見ても、もっともっとすごい人がたくさんいたように思うんですけどね。たとえば別子銅山を再生し、日本の環境問題を先取りした伊庭《いば》貞剛《ていごう》。自己の欲得を度外視して、未来のため、子々孫々のためを考えて経営する、それがひいては投資家のためにもなり、国もためにもなると、実に立派な経営者だったなあ。

　あんな経営者が今、一人でも二人でもいるでしょうかね。希望的視点からも多分いるに違いない、いてほしいと思うんだけど、主流ではない。主流は「カネ儲け原理主義」の人たちのように見えるところが情けないですね。

「人を見極める目」は投資にも欠かせない

林●岡本君も言ったように、日本人には「政府が何とかしてくれるのが当然」だというお上依存意識が強くあるのが問題なんでしょうね。そうでなくて、自助努力を進めている会社は面白いね。

僕が最近、面白いと思って見ているのが富士フイルムなんです。デジタル化の中でフイルム産業がダメになったでしょう。ならば「どうやって会社を存続させていくか」ということをすごく考え抜いたのではないかと思う。ホームページを見ると、いかにして自分たちが世のため人のための製品を作っているかをすごくアピールしている。あれは今の時代を象徴している会社だと思いますね。

岡本●富士フイルムの例でもわかりますが、一つの技術が底流として伝承されており、そこから時代に合わせ、異なった新たな商品が生まれていますよね。同社はもともと、「青い目をした人形」という歌にも出てくるセルロイドを作っている大日本セルロイドの一部門だったのです。フイルム事業で培った塗布の技術を応用してオーディオテープ、ビデオテープ、フロッピーディスクなどに入っていった。フイルムの延長線上でカメラ、デジカメ、さらにコピー機などOA機器にも参入しましたよね。フイルム事業がダメになっても、フイルムで使ったコラーゲンをベースに、化粧品ビジネスを興したし。

一貫した技術のベースがあって、それに基づきながら、世の中のために役立つ商品を出し、生き延びているというのは見上げたものですよね。

林●それが企業本来の姿でしょう。時代は必ず変わっていくもの。老舗だからと言って、室町時代から変わらないレシピでまんじゅうを作るのもいいけれど、どうやって技術を時代に適合させていくかを先取りして考えていく、また思い切って転換すべきは転換するというのも、経営の見識だと思いますね。

岡本●そのときに、基礎となる技術をどのように定義付けるかが難しいですね。

長い歴史を持つ虎屋を例にとると、コアとなる技術は何だろうか。小豆を使った食品なのか、和菓子なのか、あるいは甘味食品なのか、はたまた和食なのか、食品全般なのか。定義の仕方によって、ビジネスの広がりが規定されます。広ければいいかと言えばそうではなくて、広すぎると逆に強みが薄れてしまう。しかし、あまりに範囲を狭めると、発展の可能性が制約されてしまう。そのバランスの取り方が非常に難しい。これが長期的な経営上の大問題です。

強みをどこに置いて、それをどのように時代に合わせていくのかが、企業のあり方、生き残りの鍵になるんでしょうね。

林●そのようなことを理解し、先が見える人が「すぐれた経営者」なんだろうね。株式投資をするからには、そういう経営者をしっかり見極める目を持ちたいね。

幸福になるためには「六つの富」が必要

林●じっさい、こういう投資観を学んだのは、ほかならぬ岡本君の著書『賢い芸人が焼き肉屋を始める理由』（講談社プラスアルファ新書）という、風変わりな題名の本なんだけれど、これ、ほんとに正しいことを仔細に、明快に、説き来たり説き去るというか、大変勉強になる本です。前に出てきたピギーバンクなんかも、この本のなかに写真入りで紹介されているけれどね。

そのなかに、僕がいちばん感銘を受けたのは、幸福になるための「六つのフ（富）」というもの。

1 **フィナンシャル・アセット** 金融資産
2 **フィットネス** 健康
3 **ファミリー** 家族
4 **フレンド** 友人
5 **ファン** 趣味
6 **フィランソロピー** 社会貢献

これね、じつに言い得て妙だとおもったよ。

結局のところ、会社の経営なんてことも、単なるカネ儲けではなくて、そこに世のため人のためという、「利他」的な意識がなくては、誰もカネだけでは幸福になれない、これは僕自身も漠然とそう思ってはいたけれど、これらの形で整理して説いてくれたので、はっきりとこうイメージがつかめたというか。ありがたいことでした。

岡本●利他の「リターン」ですよ。なかなかそこが難しいところでもあるんだけどね。

林●それで、こういう意味で、カネの亡者ではなくて、人の幸福ということに視座を置いて会社を経営する、そういう人に対しては、長いスパンでじっくりと応援していく、それが本来の投資だという、せわしなく株を売ったり買ったりして、単に利ざやを稼ぐだけなんてことは、本来邪道なんだという、かねてからの岡本君の主張は、僕もおおいに共感して、あちこちで祖述させてもらっていますよ。本書の読者にも、ぜひ一読してほしい本だな。

岡本●ありがとう。そういうことで一人でも多く、投機じゃなくて、ほんとうの意味の投資をして、自他ともに幸福の道を追求する人が増えてほしいもんだね。

第3章

日本の「金遣い」に異議あり

——資本主義の中の幸福

なぜ日本人には、ジョブズが現れないのか

林●じゃあ、さっきの話の続きから。なぜ日本には、スティーブ・ジョブズみたいな、ああいうカリスマ経営者が現れないんでしょうね？

岡本●ひとつは、国際化の意識の問題があると思うんです。海外で長く働いていた身から考えると、この点、日本企業、日本の経営者は大きく出遅れていると言わざるを得ない。

林●それは僕もおおいに思うところがありますね。

一部の企業が「社内の公用語を英語にした、国際化だ」なんて言っていますが、国際化でも何でもない。組織のメンタリティが変わっていないでしょ。英語が話せたって、志が変わらないとね。おおもとの心がけが日本式で、それも旧態依然としていたら何もならないんです。

本当に国際化を実現したいなら、アメリカ人でもイギリス人でもインド人でもどんどん外国人の社員を入れてね、幕藩体制のような生ぬるい状況を打破していかないと、本当の意味

で世界企業にはなれないと思いますね。

岡本●ダイバーシティ（多様性）の実現ですよね。ただし現実はほど遠い。たとえば役員会に社外役員を入れて多様化を図ったなんて言っていますが、本当のところは形を整えるためにお友だち企業から人材を貸してもらって、というのがほとんど。全然違う外部の人を入れることに価値があるのだということを認めたがらないんですよね。

綺麗で従順な女性社員を登用することなかれ

林●グローバル化以前に、日本企業だと男女のダイバーシティも実現できていないような気がするなあ。形だけは、女性社員を増やしている企業が多いけど。

岡本●そう、ちょっと誤解を恐れずに言うと、多くの場合、大企業で登用される女性って、見目麗しいタイプで、気が利いて、意思決定の時は「おっしゃるとおり」みたいなことを言っている女性でしょ。

林●イエスマンじゃなくてイエスウーマン（笑）。

岡本●組織が、男社会をできるだけ壊さないような女性を選ぼうとしているからなんですよ。一方の女性側も、その状況を逆利用して、肩書をつけたいとか、箔をつけたいなどの理由から、おとなしく女性らしくふるまってそういうものを得ようとする。妙に利害が一致しちゃうところがあるけど、それじゃあ、社会なんて何も変わっていかないわけで。

ダイバーシティに本当に必要なのは、意見をしっかり言える、プロの女性。その意味では、女性サイドも相当やらなければいけないことがあるということですよ。

林●今は総合職になりたい女性がどんどん減って、一般職を選択する人が増えていますよね。やはり日本の社会は、なかなか前へ進んでいかないのかな。

たしかに、総合職ともなると、転勤はある、残業は多い、責任は重いときて、たとえば出産・子育てなんかと、かなり鋭い齟齬を来すところがあるのね。しかし、それは、だからこそ、転勤なんてほんとうに必要なのか、転勤や残業はしない働き方の選択ができるべきではないのか、とかそちらのほうを変えていかなくてはいけないいんだと、僕は思うけどね。

国境を越えるカリスマが必要とされる時代

岡本●まぁでも、組織サイドの問題のほうが大きいと思いますよ。

外国人であれ女性であれ、社員でもいろいろなタイプの人材がいるほうが会社のためなのに、できるだけ画一化された、大量生産されたおとなしい社員を集めておきたいという意識が根強く残っている。経営側から見れば、そのほうが楽だからです。

確かにプロが集まれば集まるほど経営は難しいです。私の経験から言ってもプロとしてのレベルが高ければ高いほど、扱うのが難しい。だけどそこでどういうふうにやっていくかというのが経営力でしょう。

林●だから結局、カリスマというのは上手な美容師のことだけではなくて（笑）、百戦錬磨の独立の強者《つわもの》なんですよね。この人が何か言うと全員納得して付いていく、そういうものを持っている人がカリスマ。特に国際企業では、国境を越えられるような、真のカリスマが必要だと思うんです。ビル・ゲイツのようなね。

岡本●そうですね。僕もアメリカで何年も働いていたけど、グローバル企業のプロって言うこと聞かないやつばっかりですよ。

だけどトップは大きな目標を掲げて、「こういうふうになりたいんだ」とみんなを心服させていく、そして「その目的のために全社員がそれぞれの分野でプロとして行動していくこと」が必要なんですよ。一癖も二癖もあるプロたちの心をつかみ、導いていく。それができるのが本当の経営者だと思いますね。

給料をもらうために働くと、本当の力は出ない

林●ジョブズもそうですよね。アップルの創業者なのに一時会社を追われ、ネクストを立ち上げた。でも結局いなくなってみたら、アップルはダメだということになってもう1回戻ってくるでしょう。それで会社がドーンと大発展する。あれを見ていると、アメリカンドリームというのはまだ生きているし、「アメリカン・カリスマというのはこういうもの」なんだとすごく感じますね。

岡本●何かビジョンを掲げてみんなを従えてやっていくという時に、重要なことは「ビジョンそのものに社会性がある」ということです。世の中のためになる、そうじゃないとみんな心服しないですよ。プロであればあるほど心服しないです。どうでもいい奴は、「うるさい、給料さえもらえればいいんだ」と思っているけど、ただ単に「儲かりますよ」という話じゃなくて、働く人が自分のやっていることに意味を見出せないと本当の力って出ないですよね。プロほどその傾向が強いと思います。

アメリカ社会では、そういう形で社会がよくなっていく『何か』が担保されているように思えるんです。それがすごく緩んじゃっているのが日本ですよね。社会的企業家も少しずつ出てきてはいるけれど、まだまだ社会全体で、意識改革が必要なんじゃないでしょうか。

林●起業に関する書籍や塾などもたくさん見かけますが、僕から見ると、一部の新興企業は、非常に矮小な、ちょっとした思いつきで小金を儲けようみたいな姿勢があるように見受けられますね。

たとえばコンピュータの世界を創った人たちは、まだ影も形もない、何もないものを創ろうとしたわけですよね。今の時代、「どこにもないものを創る」という発想が改めて必要じゃないかと思いますね。今まで日本は、改善・改良能力の高さで世界をリードしてきましたが、無から有を創り出すアイデアというのは割合乏しかった。本当の意味での起業というのはやっぱりそういうものでないと。

「日本版○○」ばかりが世に溢れる謎

岡本●僕は、日本で非常に大きな影響力を持った発明品は、SONYのウォークマンなんじゃないかと思うんです。それまであんなものはなかったんですからね。満員電車で暑い中、ぎゅうぎゅう詰めで通勤している時に、イヤホーンで音楽が聞けたらいいなというところから発想が始まって、それが世界中に広まったわけでしょう。日清食品のカップヌードルもそう。今までスープ麺という文化がなかった国でも、カップヌードルをきっかけに新たな麺文化が生まれた。そういうのがもっと出て来てほしいなあ。

日本の文化は非常に質の高いものなんですから、もっと自信を持ってもいいし、世界にアピールしていいと思うんですよね。起業とか発明とか言っている割に、いざとなると欧米の真似ばっかりして、「日本版なんとか」ってなっちゃうんですよ。

林●今、盛んに言われているNISAもそう?

岡本●そう。イギリスの Individual Savings Account の日本版。なんで日本版なんだ、日本独自のモノを創ればいいじゃないかと思うんですけれども。

他にも「日本版401K」とか、「日本版ビッグバン」だとか、よく考えると世の中、やたら「日本版」って多い。これは外国のモノだから尊いんだぞ、でも日本的にしてるんだと、そこのねらいが見えているような気がしてしょうがないんです。外国のものだから尊いって、いったいいつの時代の話かと(笑)。

むしろ日本発で『アメリカ版何とか』と言われるようにならないといけないいんじゃないかと思うんですけどね。

もう一つ、日本独自の問題として、危機感の無さが挙げられると思います。日本には「最後は結局お国が面倒を見てくれる、だから国に任せておけばいい」という、国民や企業サイドの問題もあるし、行政側も実は自信がなくても、「任せておいてくれ、なんとかなる」と言い続けているようなところがありますからね。これ無責任ですよね。

僕も口を酸っぱくして言っているんですけど、現実に厳しいことに直面しないと、危機感が高まらないんですよね。

林●結局ぬるま湯に慣れきってるということですかね。島国だという地理的条件や、鎖国といった歴史もその背景にあるのかもしれないなあ。

株式投資の原点は、東インド会社にあり

岡本●その点、イギリスはどうですか。同じ島国だけど。

林●イギリスって、現在はビジネスの観点から語られることが少ない国という感じがするけど、もともと資本主義発祥の地です。それに、東インド会社の起こりも。

岡本●東インド会社って、株式投資の原点なんですよ。

イギリスの東インド会社は、17世紀から19世紀にかけてアジアとの貿易を担ったんです。当初は金持ちが資金を出し合って船を仕立て、アジアから香辛料などを輸入し儲けを全員で分けていた。出資者は1回の航海ごとに解散、次の航海ではまた改めておカネを出し合う、

という形で続いていったんです。

一方、オランダの東インド会社では、利益を分配する時に一部を会社の中に残すようにした。つまり「内部留保」によって資本の永続性をはかったわけで、その点ではオランダのほうが優れていたんです。クロムウェルが出てきて、イギリスもオランダ方式に変わったんですが。

逆にイギリスの東インド会社は、株主に対して一定の議決権を認めていましたが、オランダにはなかったんです。それで今度はオランダの東インド会社がその方法を取り入れる。そういうふうにしてだんだん株式会社の制度ができあがり、今日の形になったという。

これが株式投資の原点です。リスクを抱えても儲かれば大きい。これで財を成したイギリス人ていっぱいいるでしょう。

資本主義社会をつくったイギリス人の知恵

林●イギリスの貴族は、そういうことで資産を蓄積した連中の末だからね。

ただ、「私が儲かればいい」というところから、「最大多数の最大幸福」へとだんだんソフィストケイトしていくところに、イギリスという国のおもしろさがあるんですよね。それができないのがフランスなんだろうな。

岡本●フランスにも東インド会社はありましたけど、やはりイギリスやオランダには遅れをとっていた。

林●そうだよね、存在は薄い。オランダも一時は海洋国家として、東インド会社でアジア航路を独占していたけど、あっという間にイギリスに追い抜かれて、P&Oがアジア航路を完全に独占してしまうでしょう。そのあたりも栄枯盛衰ということで見ればおもしろいところなんだけど。

また、スエズ運河に関しても興味深いエピソードがあります。スエズ運河を作ったのはフランス人のレセップスなんだけど、当初イギリスはこの挙に反対していた。それはすでにスエズ運河と並行するかたちの鉄道を敷設して、その利権を独占していたからです。しかし、工事のための人や物資を運んだのはそのイギリスの鉄道。それで運河ができあがったら、最後にはイギリスがとっちゃった。サウサンプトンから香港まで、全部イギリスの航路にしてしまったんです。イギリス人の巧みなやり方はすごいね。

今の資本主義社会は、イギリス人の知恵の結晶、良くも悪くも知恵の結晶だと思いますね。

イギリスでクーデターが起こらなかったのはなぜか

岡本●アダム・スミスが『富国論』を出して、それが資本主義の原点みたいに思われてますけど、実はその前に『道徳感情論』という本を出しているんです。そこで主張しているのは、人間の本質として利己的ではあるが、他人に同感し、道徳的な面をもっている。自己規制をしつつ、相互行為をするのが良心であり、それによりフェアな社会ができるということを言っている。本当は2冊でワンセットなんです。

だけど『富国論』ばかりがどんどん肥大化し、本来アダム・スミスが考えていたこととはかなり変わってきた。みんな勝手にカネ儲けにはげめば世の中良くなるという考えばかりが広まった。イギリスは「知恵の結晶」かもしれないけど、アメリカの時代になると、今後は「欲の結晶」で(笑)。

林●イギリス人って良くも悪くも、「調和」を考える民族なんですよ。たとえば王政は認めるけれど、マグナ・カルタで王権を制限するでしょう。フランス人みたいに王様を縛り首にしちゃえ、ギロチンにかけちゃえ、ということはあまりしない。ま、なかには17世紀のチャールズ1世みたいに死刑になっちゃった王もいるけど、おおかたのところは、王様は王様で生かしておくけど、勝手にはさせない。

同じように資本家も、自分たちの好きにしていいわけじゃなく、お互いのためになるように欲望をある程度抑制していこうという考えがあるんですね。

岡本●みんなに社会的な責任を背負わせる。

林●宗教についても同じことが言えますね。

バチカンのような絶対的な宗教権威は認めない。イギリス国教会は非常に曖昧なキリスト教で、もともとはカソリックから出発して、現実的には一種のプロテスタンティズムではあるけれども、大衆的でゆるーい（笑）。

国によっては宗教により身動きがとれないところがある。そこへいくとイギリス人は、「何をしたってかまわない」と思っている部分があるわけ。

もともとイギリス国教会は、ヘンリー8世が勝手につくったものでしょう。6人もの妃をとっかえひっかえした彼が、ローマ教皇と対立して、自分が法王のような絶対的権威者となった。

バチカンからも独立しているし、ある意味で堕落しているんだけど、文句を言ったら首が飛ぶから誰も文句を言わない。そうやって曖昧な形で、国民があまり宗教的にファナティックにならないようにして成立したのがイギリス国教会ですからね。

ビクトリア時代の資本家は、富を社会に還元した

林●イギリス人は、言ってみればあらゆるものから自由になりたいんですよ。

たとえばジェレミー・ベンサムという思想家が、「霊魂はない。死んだらただの物体だ」と主張し、自分が死んだら遺体をミイラにして飾れと言い残した。そのベンサムスクールで学んだ人たちが創ったのがロンドン大学のユニヴァーシティ・コレッジです。

当時のケンブリッジやオックスフォードは国教会の信者でないと入学できませんでしたが、

ユニヴァーシティ・コレッジは何教であろうと、無宗教であろうと入学を許可した。学問上でも宗教から自由になろうという考えを実践したんです。その影響を受け、ケンブリッジもオックスフォードも今では国教会以外でも入学を許可されていますが。

もっともいろいろなものから自由である、というのは、同時に「自分たちで抑制しなくてはいけない」ということなんですよ。たとえばサミュエル・スマイルズの『自助論』（セルフヘルプ）を読むと、「神の恩寵ではなく、人間は自分の力でやっていかなければならない」ということを説いているんだけど、非常に道徳的です。金儲けのために何でもしていいという立身出世の本ではなく、「いかにこの人が真摯な努力をして、世のため人のために尽くしたか、その結果としてどういう名声を得たか」という、膨大な例を上げた道徳的例話集なんです。

それが日本の福沢諭吉などに影響を与えたんですね。

岡本●われらが慶應義塾大学の始祖ですね（笑）。

林●19世紀、植民地経営を担っていたイギリス人にも、その考えがあてはまります。植民地を世界中に経営して莫大な国富を蓄積したあとでは、その富を国家国民に還元していくことを考える。それが十九世紀という時代のイギリスで、いわば社会改良主義的思潮が国を動かしていくんです。すなわち、いかに社会資本の充実を図るかを考え、下水道の整備や公衆浴場、病院、孤児院、貧窮院などの建設資金を国家が出すんです。

つまり、7つの海を制覇して世界中から富を集めたんだけど、王様や資本家がその富を私するのではなく、集めた富をいかに社会に還元するかに熱意を込めたのが19世紀、ビクトリア時代なんですよ。今ロンドンにある公衆トイレはほとんどあの時代にできたものですし、公衆浴場、病院、上下水道など、あらゆる「社会資本＝インフラストラクチャー」が充実していくんですね。

そういう時代を経ていますから、イギリスは今もアメリカの資本原理主義とは一線を画しているんです。

ウォール街のアメリカ人はなぜ強欲か？

岡本●イギリス国教会のルーズな信仰心に飽き足らない人たちが、移ってきて建国したのがアメリカ。

林●そう。ピューリタリズムというのは、貴族たちに抑圧されている労働者たちが救いを求めるのはやはり神で、そこから生まれてくるんです。

カソリシズムや国教会が持つ曖昧さや、堕落した享楽性を否定し、もっと純乎たる神の国に近づこうと……。だから抑圧された労働者や農民などは「現世には希望がないけど、神の国に行けば救いがある」というふうに考え、より敬虔に真摯に神を信仰する。こうしてどんどん移民していった末がアメリカ人です。

なのでイギリス人と比べて、アメリカ人は、明らかにキリスト教原理主義的なところがありますね。

岡本●そういうアメリカ人が、20世紀の初頭くらいから世界経済の主導権をとるようになってきました。その中で、だんだん資本の意味合いが大きくなってきたのではないでしょうかね。

アメリカ人全部がそうではないけれど、ウォール街にいる人種があそこまで強欲になったのはどうしてなんだろう、もともと敬虔な人たちなのに。

林●あれはわからないね。

僕の娘婿は牧師なんですよ。東部のバージニアで生まれ育った男で、非常に敬虔なクリスチャン。彼らの暮らしぶりや考え方をみていると、強欲なアメリカ人とは全然違うの。本当に純真なピューリタンですよ。

岡本●おそらく鉄道や鉄鋼など、大きな利益を生む資本が注目されるようになり、カーネギーやヴァンダービルトなどの実業家が出てきた。その支配が進む中、ローリングトゥエンティーズ＝咆哮の20年代、前例のないほど製造業が成長した時代が到来した。

この過程で権力と金とが強く結びつき、「おカネがあれば何でもできる」という考え方が浸透したんでしょう。でもそれはアメリカ人全部ではないんです。バージニアもそうだと思うけど、中西部や農耕地帯は質素ですよ。

フィラデルフィアに住んでいるアメリカ人の友だちの家によく行きましたが、食事の時は必ず全員が座ってお祈りして、「今日は日本から友だちが来てくれた。みんなで感謝しよう」と言って食事が始まる。食事が終わると、子どもたちには部屋に行って勉強しなさいというように、生活リズムがきちんと整っているんです。非常に健全。まあ、その人は著名なポートフォリオ・マネージャーなんですけど（笑）。

林●家族に対する信頼とか、基底部にはナイーブなところがあるんだろうと思うんですよ、アメリカ人には。

岡本●すごく純真なところがある一方で、一部の人たちはカネに目がくらんだ。コンピュータなどのテクノロジーが進んでおカネと心が断絶してしまったことも一因でしょうね。

またプリンシパルとエージェントという分かれ方が生まれたことも大きいと思います。要するに、人のためにおカネを稼いであげるという仕事の誕生で、「稼がなければいかん、稼いでナンボ」という考えが浸透した。「世の中のためになりますから」と言っても、顧客の満足にはつながらない。それだったら自分でやる、という話ですからね。出資者と運用者が切り離されたことによって、おカネと道徳や倫理も一緒に分かれたような気がしますね。

同時に顧客サイドの「ただ儲ける」というプレッシャーも大きな問題だと思います。

林●ついこの間、あるインタビューを受けたんです。「臨終力」の話から、どうして減蓄（第

5章参照）ができるのかという話になったんだけど、その時僕は「自分が真面目に淡々と稼いだから」だと答えました。普通の人は、資産ができたらそれを減らしたくないと思うに違いないけど、僕は真面目に淡々と、自分の努力によって稼いだお金だから、粛々と遣うというふうに考えているんです。

逆に人のふんどしで一攫千金とか、先祖伝来の田畑をパーッと売ったら5、6億円になったとか、自分で地道に稼がなかった人たちが、あぶく銭のようなカネを悪用するんじゃないかという気がするんですね。

つまり、すごくナイーブなアメリカ人も一方にはいるんだけど、もう一方にたとえばシェールガスで儲かったとか、アラブの富豪とか、余ったカネを持つ人の代わりに、おカネを儲けてあげる、そういうアメリカ人もいるってことです。彼らにとってはおカネを増やすこと自体が目的だから、そこに道徳観はない。儲かった者が勝ち。これって粛々と稼いだ金じゃないからだと思いますね。

プロフェッショナル社会での対価の意味

岡本●とはいえ、アメリカ人には見習うべきところもやっぱり多いよね。たとえば、プロ意識という点で日本と大きく違いますね。多くの人が自分の社会的な使命をすごく理解していて、「そのために自分は仕事をして、給料をもらっているんだ」と自覚しているんです。

日本にまだ残るサラリーマン根性のような「企業に所属していれば給料をもらえる」、というのとは全く違う。

林●つまり仕事というものは、国民と国家からの信託なんだよね。与えられた権限の対価は、国民と国家からの信任。この信任を裏切ったら、プロフェッショナルとしては立つ瀬がないわけですよ。

確かにプロ社会という意味では、アメリカはなかなか捨てたものじゃないですね。

岡本●僕は随分昔、ＣＦＡというグローバルな証券アナリストの資格を取ったんですが、その資格試験では「倫理」が大きな比重を占めているのです。

試験に向けて過去の問題集を勉強していて、今でも印象に残っている設問があります。「あなたはある証券会社の証券アナリストです。上司からある企業の買推奨のレポートを書けと言われた。だけどどう調べてもあなたの判断では買推奨に値しない。あなたはどうすべきですか」という問題なんです。模範解答を見たら、「あなたは会社を辞めるべきだ。辞めると同時にＣＦＡ協会に、『この会社は自分に対してこういうことを要請して私は断った』とはっきり報告しなさい。ＣＦＡ協会はその報告を主要な金融機関など、関係各所全部に回覧します」となっているんです。

これはこの協会が個人単位で形成されているプロフェッショナルのための団体だからこそできることなんですよ。日本の場合は、メンバーが証券業協会、投資顧問業協会、投資信託協会などは全部法人単位でしょう。時には元役人が天下ってきて、毎月集まって形式的な議論をしている。アメリカはそれとは全然違うんですよ。業界団体じゃなくてプロフェッショナルの団体。ドイツのギルドみたいに、プロとしての誇りを守っているんですね。

封建的サラリーマン精神で、プロにはなれない

岡本●一方、日本ではナニガシ建築士の耐震強度偽装問題とか、食品会社の産地偽装など、プロフェッショナリズムの欠如が招く問題が起きていますよね。「プロなら恥ずかしくてこんなことはできない」と、一人ひとりの働き手が企業に対して言えないんですよ。会社に逆らったら生きていけないから。それは江戸時代に、「脱藩したら生きていけない」というのと一緒ですよね。

林●封建時代と一緒。つまり個人としての能力が十分じゃないということなんです。たとえば企業の証券マンで、ＣＦＡの資格を持ち、顧客がいっぱいついている人なら、会社を替わっても何の心配もないでしょう。つらい思いをして今の会社にしがみついている意味はない。それが今の時代、必要なことだと僕は思うんですよ。

これからの時代は、一人ひとりがインデペンデンシーをきちんと持っていないと、「世界の孤児」になってしまうと危惧しています。

岡本●負け犬になりますよ。だって競争している相手は、みんなそういうベースでやっているんだから。

林●たとえばある会社から「こうしてくれ」と言われて、「じゃあちょっと上司の意見を聞いてからお答えします」なんて言っていたら、国際社会じゃ話にならない。「あなたではダメ」ということになりますよね。

イギリスでもそうですが、会社は一人ひとりの個人の集まり。社員一人ひとりがインデペンデントな個人であって、会社が個人に不利なことを要求する時には敢然として会社と戦う。だから、今後外国人社長を抜擢する、なんていう場面で、日本ではしょっちゅうトラブルになるでしょうね。

働かなくてもピザにありつける国

林●アメリカは能力のある人には10倍でも20倍でも給料出す、その代わり能力のないやつはすぐ捨てるという、ドライな企業風土があります。

だから日本の企業で働いている人でも、アメリカの企業に、能力を評価されて「10倍の給料を出す」と言われればまず行っちゃうよね。そういう時代だから、日本も今後、ある程度のメリハリをつけていかないと人材を確保できないと思います。特にデジタル産業関係。人材を確保できないというのはゆゆしき問題だね。

岡本●日本は終身雇用が定着していて、昔のイギリスで言われていた〝ゆりかごから墓場まで〟が当たり前だったでしょう。大企業に入り、上の言うことを聞いて道を踏み外さず、ひたすら我慢して定年退職を無事に迎える。そこそこの退職金をもらった後も、俳句や絵画、ゴルフや観劇などの楽しみを共有するＯＢ会があって、死んだ時にはその時の社長から弔電が届くというようなね。

そういう企業は今もあるけれども、若い優秀な人たちって企業にそんなものは求めていないんですよね。だから外資系企業に声をかけられ、自分の能力を発揮できる環境で、高給をもらいながら自分の価値を高められるとすれば、「そっちのほうがいい」ってなっちゃう。確かに外資系企業は総じて給料が高いです。それはその人に対する評価が正当だから。評価の低い人には彼ら、一銭だって払いませんからね。そこへいくと日本は、評価が高かろうが低かろうがみんな一律。復興支援の予算みたいなもので、みんなにバラまいちゃって収集つかなくなっている、みたいなところがあると思うんですよね。

林●ここに1個ピザがあるとすると、実力ある人間がひとりで食べちゃう、実力なき者は喰いっぱぐれる、というのがアメリカ式で、日本はみんな平等に分けて、8分の5と8分の3くらいの差をつけようくらいの、しみったれた分け方なんだよね。8分の3食って何も仕事しない奴がいっぱいいいる。これは日本社会のいいところでもあり、悪いところでもありますよね。

岡本●一方で、ピザにありつけなかった人も、自分のいいものは何か持っている。そのピザには合わないけど、牛丼屋だとか、何か違う能力が必ずあるはずだから、自分に合ったもので食っていくという道も選べるんです。要はバイタリティですよね。

林●必ずしもカネだけじゃない。「あなたでなければ」という信頼や自己実現の問題。岡本君も日本企業に就職して、アメリカ企業を経てインデペンデントになったんだから、時代を先取りした人生ですよね。

徒弟奉公の再生産が若い人の能力をつぶす

林●僕は岡本君とは全然違う学者の世界で生きてきたんですけど、学者の世界も同じでしたよ。日本の大学では、今は少し違ってきたかもしれないけれど、僕が学者をやってた頃は、助手になったら次は助教授、助教授になって何年つつがなく勤めたら教授って、年功序列で上がっていったんですよ、僕がいた頃はね。能力なんて何も関係ない。文章を書かせればへたくそ、人の論文の剽窃《ひょうせつ》ばかりやっているような連中でも、5年経てば助教授、10年経てば教授。で、文科省も国立大学の教授には無批判にどんどんカネを出す。そんなシステムができあがっていたんです。

自分のやった仕事が自分の業績にならなくて、ただ名前を貸しているだけの教授の実績になってしまうということに、僕はすごく不合理を感じたんです。

アメリカやイギリスでは、若くても仕事をやった人がちゃんとその果実を穫りますよ。果実はおカネに限りません。名誉とか、学会における地位といった信頼につながるものがもらえるなら、おカネは必ずしもエッセンシャルじゃない。

でも日本ではおカネはもらえないし、名誉や功績も奪われちゃう。ひたすら徒弟奉公をして10年、15年我慢したら、この地位につけてやるぞ、みたいな世界。

岡本●悔しかったら、我慢して早く上がってこいという。そして自分が上に立ったら、また同じことを繰り返すわけですよね。

林●僕はそういう再生産は嫌だと思って、この世界を飛び出したんだけど。これは逆に言うと、僕の持っている学問に対する能力を、学界は失ったということですよ。僕が学問の世界にいれば、もっと大きなことに貢献できたかもしれないけれど、「こんな奴らの相手はごめんだ」と思いスピンアウトしちゃった。だから若い人たちの、能力を認めてもらいたいという思いには、非常にシンパシーがあるんです。

僕の場合、偶然にイギリスで能力を認められたでしょう。日本では下積みばっかりだったのが、イギリスでドーンと大きな仕事を任された。何の業績もない若造なのにね。そういう思い切った判断、若い人たちの能力を信頼してやってみろっていう、その懐の大きさは日本にないものですね。

35万円の人間ドックでは日本は救えない

岡本●今財界の一部のタヌキ親父たちは現状維持しか考えていない。「俺が引退するまでこのままいさせてくれ」って（笑）。そうじゃないですよね。

なかには、「円高だから業績が悪い、円安になったら業績は良くなります」ってさかんに言ってる人もいたけど、それじゃあ自分たちは何もやっていないじゃないですか。ただ為替によって業績が良くなったり悪くなったりするんなら、「経営って何なの」って言いたいですね。たとえば円安になって、株が上がって良かった良かったと言っても、実際には企業が強くなっているわけではない。本当の成長企業であれば、円高の時代には円高下でなすべきことをして、円安になればまた円安下でなすべきことをする。環境に関わりなく、自社の成長を図るのが本当の経営だと思うんですけどね。まあ、その辺が日本全体を通せば十分に見えてないというのが現状でしょう。

とにかく、多くの大企業の経営者にはバイタリティが感じられないなあ。これは高齢化ということもあるんですかね。

林●あるでしょうなぁ。僕は高齢化が、日本の最大のアキレス腱だと思うね。実際今、成長産業というと老人ホーム、葬儀社、人間ドックでしょう。

最近体調がおもわしくないので、人間ドックを受けようと思ったのね。調べてみると人間ドックってすごく高いんです。半日コースが17万円、1日コースが34万円、泊まりで56万円とかなんですよ。人間ドックは保険対象外だから、高齢者を相手に、プライベート診療で儲けようという意図がありありと見えるんですね。もっとも病院の経営者としてはなかなかの眼識だとは思うよ。ちなみに予約状況を見ると、35万円コースは数カ月先まで予約がびっしり。女房なんか、あまりの高さに気絶しちゃったよ。(笑)。

岡本●35万円の人間ドックって、どんなサービスがあるんですかね(笑)。でも逆に言えば、それだけおカネを持っている人が多いってことですよね。

林●おカネを持っている高齢者がたくさんいて、それをとことん引き出そうとしているように見えるね。そして、その先が老人ホーム。病院が老人ホームを経営しているところもいくらでもありますよね。

岡本●でも、そんな内向き産業ばかり栄えるのもちょっと寂しいですよね。

ベンツは売れるのに、小学校は寂れている

林●日本全国旅して回っていて気づいたんですけど、耕作放棄地がそこら中にあって、「昔は豊かな田んぼだったんだろうな、豊かなみかん園だったんだろうな」と思うようなところが全部草ぼうぼうの荒れ地になっているんですよ。これ、ほんとうに悲しむべき現実です。

たとえば富岡。今、富岡製糸場は国の重要文化財で、世界遺産登録を目指して活動しているでしょう。でも富岡製糸場を見に行くのではなく、「製糸場を支えていた農村を見て来い」と言いたいですね。

あのあたりを車で走っていると、桑林にぶつかるんだよね。桑畑って摘みやすいよう矮性に育てるのが基本なんですが、製糸が廃れ、つまりは養蚕農家が絶滅し、もはや桑畑を管理する必要も人材もなくなったために、桑の木が野放図に育ってしまって巨大なジャングルになっているんですよ。そしてそこここに崩れた茅葺きの農家が朽ち果てている。こういう現

実が、富岡製糸場の背後にあるわけですよね。

誰も見ないけど、膨大な雇用が失われて日本を代表していた産業が死んでいき、いまや遺産でしかない。このことが僕は大問題だと思っているんです。

岡本●生活者としての目線が必要だということですよね。私も自分の経験から感じたことがあります。

先日仙台に行ったんですが、ベンツが飛ぶように売れているとか、繁華街は人でいっぱいだとか、ものすごく景気がいいんですよ。被災者への支援も充実していて、学費や高速道路通行費の免除、生活費の支給などが行われている。

ところが石巻では全く状況が違いました。今年、寄付をしたとき石巻の小学校の復興資金に使ってもらうことにしたのです。全滅した校舎の後に、仮設の校舎ができていました。でも校舎の中には、椅子も机も買えないという。女子トイレのカーテンもない。カーテンや備品を買う資金、140万円がないために小学校として機能していないんですね。

そういう学校がある一方で、ベンツがどんどん売れている。「これってなんなの」と思いましたね。富岡製糸場の世界遺産に向けての取り組みと、桑畑や廃墟と、すごく似た構造だと思います。

林●ジャーナリズムが報道しない現象の裏側を、着実に見ていかなければいけないですよね。そこを再活性化することが、TPP対策にもなるだろうし、本当に日本の国力を増強する第3の矢の基本なんだろうね。

愛国の志で農業をやろう

林●TPP対策ということでいうとね、農業に株式会社が参入するのも当然だと思いますね。

これから先、小規模な農業では生活が成り立たない。自然の影響をできるだけ受けない、工場生産のような農業であり、工場生産のような漁業になるのは避けられないでしょう。ウナギだってマグロだって、だんだん獲れなくなってくる、それで完全養殖ということになれば工業ですよ。農業も同じ。

今までのJA中心の利権構造の中で手厚く守られ、新規参入は認めないようなことをしていたら、日本は滅びますよ。

最近テレビで見たんだけれど、トヨタがパプリカを作ってるんですってね。「自動車のパプリカを創ったトヨタが野菜のパプリカを作る」って、洒落のようだけど、でも、これからの時代、こうした異業種参入がどんどん進むべきだと僕は思いますね。

農地法を撤廃して、耕作放棄地が工業的農業の生産基地になっていく、そこで行われる農業は当然別物になるはずです。昔からいわれてきたいわゆる3K農業じゃなくて、若い人たちが棚の上に、プランターを整然と並べて野菜を育てるとかね。

なにもかも、一から考え直して、ご破算で願いましては、という心意気が必要ではないかなあ。

そういうことが、ひいては地域を再生させる大きな力になるような気がしています。

岡本●肥料も工業製品ですから、米や野菜を育てるのも工業と切り離せませんよね。一生懸命土を耕して種を植えて、という方法には限界があり、おカネを効率的に集めて資金をどう使っていくかを考える必要がある。

ならば株式会社はだめと言われても埒《らち》明かないですよね。農業は特別という発想は捨てないとね。

林●「田園まさに荒れんとす、帰りなんいざ」という、愛国の志。

そういう志を抱いて農業をもう一回興そうという人が株式会社を興すのなら、僕は投資したい、と思っていますよ。

第4章

西鶴はポートフォリオを知っていた

——江戸に学ぶ金遣いの教訓

東北の若者たちがこれから日本の〝志士〟となる？

林●この章では、ちょっと変わって、江戸時代からのおカネの教訓を拾ってみたいんだけど、そもそもこの話が出たのは、3・11がきっかけですよね。

岡本●東日本大震災から2年半あまりが経過したけど、僕はこの震災が、日本にとっても日本人にとっても大きな衝撃を与え、日常的に持っている心理の殻を大きく突き崩したと思っているんです。

その結果、「順番を待つ」「謙虚さ」「思いやり」など今まで見過ごされがちだった日本人の良い面が表面化した一方で、情報公開の遅れや電力業界の構造的な問題、政府のお粗末な対応など、いろいろな問題が表面化してきた。良くも悪くも、日本や日本人について考えるきっかけになりましたよね。

あのとき僕はサンフランシスコにいて家族の安否を確認するのに大変苦労しました。林君はどこにいたの？

林●僕は家にいましたよ。急にガタガタッと揺れ出して、その長かったこと。すぐにテレビをつけたら、東北沿岸が大津波に呑み込まれるところが続々と映し出されていて、肝を潰しましたね。あの後テレビが数週間にわたって被災地の悲惨な状況を放送して、本当に心が痛かった。あと、あのACのCMが延々と流れるので、相当気が滅入ったなあ。

もう一つ印象深い出来事があって。あの大震災の直後、僕の妹が突然脳腫瘍で入院して緊急手術したんです。妹はその1年後に亡くなりました。それで僕は、「人の命って何だろう」とか、「この平穏な暮らしが永久に続くと思うのは大間違いだ」と改めて気づいたんです。

岡本●確かに震災で日本人は多くのものを失ったけれど、僕はあの地域から、今後強い人たちがたくさん出てくるのではないかと思っているんです。

というのは、2012年の8・9月、私の会社で出しているウェブ情報誌『インベストライフ』（www.investlife.jp）で、「戦中・戦後を生き抜いた人の話を聞く」という特集をやって気づいたんです。

韓国、台湾から帰ってきた人たちや空襲で家を焼かれた人など、彼らの経験談を聞き書きしたんですけど、びっくりするほど彼らは強いんです。みなさん相当の高齢なのに、かくしゃくとしているし、当時のこともしっかり覚えていて、はっきりとした言葉で自らの体験を語ってくれました。極限的な苦難を体験すると少々のことでは動じなくなることを実感しました。

僕は今後東北地方から、そのような強い生命力を持った人たちがたくさん現れてくるんじゃないかと思っているんですよ。

林●そうですね。近年の日本の発展の歴史を見ると、困難や危機を乗り越えたからの強さや生命力を感じますね。

たとえば幕末の動乱期なんかもそうだよね。長州は下関戦争で4カ国との戦争に負けて、外国との国力の違いを痛感し薩長同盟を結ぶ。明治新政府は、外国に対等な国だと認めてもらい、不平等条約を撤廃したいという目的のために、西洋化を推し進める。

関東大震災からも驚くべき帝都復興だったそうです。

昭和に入ってからも第二次世界大戦の敗戦後、日本は壊滅的な状態から、海外諸国も驚くようなスピードで復興を成し遂げる。立ちはだかる壁を乗り越えてきたからこそ、今の日本があるわけですからね。すべての政策や行動が正しかったとはとても思わないけれど、「このままじゃいけない」という危機感が、次のステップへの原動力になってきた、とは歴史的にみても言えるんじゃないかな。

薩摩が幕末の「グローバル人材」を輩出した理由

岡本●そういえば、林君は前に、幕末を舞台にした小説を書いたよね。大変興味深く読ませてもらいました。

林●そう、『薩摩スチューデント、西へ』（光文社）ね。この本を書いたとき、取材で鹿児島を車でそこらじゅう走り回ったんです。それで、「どうして薩摩が明治維新に向かって突き進んでいったのか」がわかった気がした。

薩摩という場所は、ひどく貧しい土地なんですよ。平地がないうえに、桜島が噴火するので地味が悪い。なので日々の暮らしのたづきに困るわけです。

濃尾平野や関東平野、新潟など、肥沃な沖積平野がある場所は、米を作っていれば生活していけるわけだから、考え方が保守的になる。しかし薩摩のような貧しい状態だったら、ジリ貧になるのは決まっている。だから島津氏が進取の気性に富んで、西欧式の実験工場を建てたりしたのも、その危機感の裏返しなんですよ。坊津《ぼうのつ》あたりを基地として密貿易もやっていたしね。

当時は既に上海・香港を経由して、西欧から長崎への航路が開かれていたから、船が薩摩の沖を行き来している。薩摩は奄美大島や硫黄島などまでサトウキビの交易や漁業目的で出かけているので、やはりあの海域を行き来している。おまけに天然の良港があって、幕府の目も届かない。中国の船も入ってくるし、外航船を西欧から買い入れたりもできる。密貿易のやりやすい状況がそろっているんですね。

実際、薩摩の坊津あたりには、江戸時代から相当な数の中国人が住みついていたし、私貿易を通して、上海などから西欧文明もどんどん入ってきていた。中国や西欧は、彼らにとって身近な存在だったんだろうね。

そう考えていくと、やせた土地しかない薩摩から、明治初期、関西の経済の発展に寄与した五代友厚のような先進的国際人が現れたのにも頷けるんです。今の言葉で言えば「グローバルな視野」をもとに、運動を展開していけたのは当然だと。江戸幕府がこの頃にはグローバルな視野を失っていて、ジリ貧になっていたのと対照的ですね。

岡本●江戸時代も1700年ぐらいからは人口も増えなくなって、米の石高も新田開発が行き着くところまでいってこれ以上田畑を増やせなくなりましたよね。飢饉の時を除いて米相場も上がらなくなってきた。

米本位制から商品貨幣経済へ移行し、江戸の門閥的な特権豪商が没落していく一方で、新しい三井や住友などの豪商が出てきた。これもマクロ的な成長が限界に達したところで、ニューパワーが出現してきたと言っていいでしょう。

政府に依存しない精神がニューパワーを生み出す

林●今で言えば、IT産業のようなものかな。

井原西鶴が『日本永代蔵』で書いているけれど、従来の陋習《ろうしゅう》を御破算にして、合理的思考による新経済を発明したということなんだろうね。

岡本●そうですね。当時は鎖国をしていて、外国に市場を求めることができなかったので、豪商たちは幕府との結びつきというか、大名貸しのような関係を中心に商売を増やしていったんですよね。

でも、幕府がガタガタになると、幕府依存度の高い豪商はごく一部を除いて多くが力を失っていった。

一方、特産物を持っている地域、たとえば薩摩のサトウキビとか、四国、九州あたりの特産品がある藩が強みを発揮するようになってきたわけですよ。特産物が新しい彼らの原動力になり、海外にも目が向けられた。これは特に九州地域の特質かもしれないですね。

枠にとらわれなかった日本海文化

林●九州の諸藩は博多や対馬を通じて、韓国など大陸との結びつきがあり、しょっちゅう行き来をしていた。

一方、幕府のある江戸は、太平洋に面していて大陸のほうを向いていない。外国に目を向けるという意味では、地勢的に遅れるところがあったのでしょうね。

江戸時代の物流の大動脈は、今とは違って日本海側なんですね。日本海岸は北前船で北海道の松前藩から琉球まで、瀬戸内海、九州、北前航路と続く経済圏がつながっていた。そういう意味では、日本海文化は日本という枠にとらわれていないところがあったと思うんですよ。

薩長土肥という改革勢力は、概ねその線に沿っているでしょう。土佐は太平洋岸だけれど、瀬戸内で日本海側とつながっていたし、また坂本竜馬のような偉材が出たということが大きかったけどね。

岡本●太平洋側でもあの「稲むらの火」で有名な濱口梧陵のヤマサ醬油も、出は紀伊半島でしょう。それで銚子で工場を作っている。それに土佐のよさこい祭りが札幌や仙台に広がるとか、太平洋岸に沿っての文化的な交流はあっただろうけど、それは海岸線に沿った動きでしかなかったんですね。そこから出ていって隣の国に行こうとしてもアメリカは遠すぎた。

林●まあ海の向こうと言っても、博多や対馬の向こうには朝鮮半島があるし、薩摩の先には奄美・琉球、さらにその先に香港・上海がある、というような意味では、太平洋は余りに広すぎて、向うにある国、メリケン国などは水平線の彼方に見えなかったんだな。

しかも、幕府の御法度があったから、薩摩まで行かないと外には出られなかったんですよ。

岡本●江戸時代はイギリス、オランダなどの東インド会社がどんどんアジアに入ってきた時代に重なりますよね。最初はポルトガル、次にオランダ、イギリスと替わりながら、欧米列強がどんどんアジアに入ってきた。江戸の初めは、日本が欧米化の波に飲み込まれてもおかしくない時代でした。

そんな中、日本は実にいいタイミングで鎖国をしたという気がします。欧米化のインパクトをうまくかわす方法だったと思いますね。よほどグローバルな世界の動きが見えていたんでしょう。すごい先見の明だと思いますね。

もっとも鎖国といっても、完全に完成するのは三代将軍徳川家光の時だし、ペリー来航の前にロシアからラクスマンが大黒屋光太夫をともなって根室に来たり、プチャーチンが来たりしていますからね。日本がオランダ、中国以外の国との関係を閉じていたのは、徳川264年のうち120年ぐらいでしかないんですが。

林●そうそう、意外に短いんだよね。

九州にある「オランダ」「イギリス」という食べ物

岡本●東インド会社のことを調べていて、面白い発見があったんですよ。唐桟という着物があるでしょ。歌舞伎のお富さんで有名な『与話情浮名横櫛』で与三郎が着ている縦縞の着物。桟留《さんとめ》とも言うのだけれど、これはセント・トーマスというインドの町の名前から来ているんですって。

インドから持ってきた織物を、日本の木更津などで国産化し、それが江戸庶民の衣類として浸透していった。そう言えば与三郎は木更津とゆかりがある。本で読んで面白いなって。

おそらく鎖国下でも、世界とのつながりはそれなりにあったんでしょうね。長崎の出島にも行きましたが、いろいろな西欧のものが日本に入って来ていたことがわかりますし。

林●面白いねえ。同じように九州の島原あたりには、「オランダ」とか「イギリス」という食べ物があるんですよ。「オランダ」はさつま揚げのようなもの、「イギリス」はイギスという海藻を寒天のようにした食べ物なんですけど。天ぷらやカステラなどもポルトガルから来たものだし、食を一つとっても、江戸時代には外国が意外に身近な存在だったことが感じられますね。

それに三浦按針などの存在も大きい。彼らを通じて、外国のいろいろな情報が入っていたのではないかな。しかも日本人は親切で、たとえば難破船が出て外国人船員が流れ着いた時でも、殺したり虐待したりせずホスピタリティに富んでいたという史実があれこれあります。幕府だって外国人に対して、それなりの応援をして諸外国事情を聴取記録するということを常にやっていたしね。

岡本●江戸時代というと閉鎖されていたというイメージがあるけれど、それはかなり違いますね。いろいろなことをきちんと理解し、グローバルに見て正しい手段を打っている気がするなあ。

江戸はダイバーシティ社会だった

林●江戸時代の各藩では、ちょっと前でいう竹中平蔵のような人がいて経済戦略を担当したんです。藩主もそういう人に裁量権を持たせて。こういう江戸時代の日本人の知恵には、今でも見習うべきものがありますよね。

岡本●江戸時代の殿様にもいろいろな人がいて、ご乱行・乱心の殿様もたくさんいたから一概には言えないけど。それに御三家や大藩は別にして、やりくりに苦労していた藩が大部分ですよね。

林●そう。幕府が参勤交代など藩の力を弱める政策を徹底させたでしょう。だから、日本の大名は実はそんなにお金がない。特に江戸時代の後になればなるほど借金まみれ。商人がみんなお金をとっちゃっていましたからね。

ただ紀伊国屋文左衛門のように、あまりやり過ぎると無茶な理由でお取り潰し、身代召し上げみたいになっちゃう。権力と富は分離しているのが封建時代だったから、本当の大富豪はできないシステムだね。

岡本●あと、民の中にも「講」みたいな組織があって、お互いに助け合おうという社会インフラができあがっていた。

江戸の街ほどダイバーシティが行き渡っていた地域はないと思いますね。日本全国、あらゆるところから人が江戸に集まっているわけでしょう。もっとも男ばかりでしたけどね。そうした人たちが「狭い江戸の中で、大きな問題を起こさずにやっていけるようにするにはどうすればいいか」をいろいろ考えたんでしょうね。みんなが気持ちよく生きていくための知恵みたいなものがすごくあったんじゃないですか。

林●それはそうだな。アメリカだと、最初に13州で独立した国を建てた後、あぶれちゃった人は西へ西へと流れて行った。イギリスや日本にはフロンティアなんかないから、ドロップアウトしてしまったら夢も希望もない。

閉塞的な空間の中でどうやって生きていくかといったら、全体をハーモナイズしていく、調和を保っていくしかないんですよね。聖徳太子の「和を以て貴しとなす」ですよ。

二宮尊徳に学ぶ「他譲」と「自譲」の美学

岡本●そういう世界の中で、江戸中期以降、井原西鶴、二宮尊徳、石田梅岩などという人たちが登場してきて、経済という考え方を進化させました。

中でも二宮尊徳は「勤倹譲」という「報徳」の考え方を主張。「勤」は一生懸命働け、「倹」はできるだけ倹約をしろ、そして「譲」は文字通り譲れ、ということなんですが、さらには譲を「他譲」と「自譲」に分けているんですね。

自譲というのは「自らに譲る」、つまり将来のための自己投資をしろということで、他譲というのは「人に譲る」、つまり社会貢献です。

マックス・ヴェーバーは「天職に励んでできるだけ儲けなさい、そしてできるだけ節約をしなさい。一生懸命働き節約する。そうすれば自然に金が増えるので、それを人に譲りなさい。それによってあなたは天国に富を築くことができる」と『プロテスタンティズムの倫理と資本主義の精神』で書いているんですが、マックス・ヴェーバーが生まれる8年前に亡くなった二宮尊徳が同じようなことを言っていて、しかも譲るというのを自譲と他譲に分けている。

これはすごいことだと思うんですよ。

林●それはすごい見識だね。

今の話を聞いていて思ったんだけれど、尊徳の思想の背後には、伊藤仁斎の古義堂の思想があるのではないでしょうかね。

息子の東崖が軸に書いているんだけれど、仁斎は人間の徳を「温良恭倹譲」と言っているんです。温は暖かい人柄でなければならない。良は良いことをする、邪なことをしない。恭はうやうやしくへりくだった態度、倹は倹約、譲は譲る。仁斎の塾は京の堀河にあり、堀河学派と言われていました。

教え方も独特で、今のゼミナールのようなものだったそうです。その当時の学術は、先生の言うことを金科玉条として一生懸命に筆記し暗記することが普通だったんだけれども、伊藤塾では学生に意見を言わせ、議論百出する中で真理を窮めていくという学びでした。権威主義にならない。「先生だって間違える」という考え方。これは江戸時代にあっては至極独特なことなんです。

岡本●なるほど、教え方からして、時代の先をいっていますね。

林●実は井原西鶴も、伊藤塾で学んでいるんですよ。門人帳にはっきり記されている。西鶴のあのような人間観察は、その背後に伊藤仁斎の古義道の思想があったんですよ。

古義堂の根本は儒教なんです。それまでは中国思想の受け売りで、中国で流行っているものを日本に持ってきていたんですが、古義堂は「朱子学が出てくる前の原点に戻れ」という思想。たとえば聖書を読むのに、ヘブライ語やギリシャ語で書かれた原典が読めないと真の聖書を理解できないというような。古義堂も同じで、門弟たちはものすごく中国語ができるんです。

どうやって中国語を学んだかというと、復文なんです。英語を勉強する時、一度、日本語に訳した文をもう一度英語に直す復文というやり方があるでしょう。あれなんです。同じように漢文を一度、日本語に訳してもう一度、漢文に直し、元通りに直るかチェックする。そうやって、中国語を中国語として理解しようとした。このやり方を発明したのが伊藤仁斎。

「ひらがな」と「明太子パスタ」は同じ原理

岡本●梅岩などの思想はあまり儒教、仏教、神道、道教などこだわりはないですよね。いってみればいいとこ取り。

林●そう。そのような融通自在さは、日本人の良いところでしょう。だから面白いなと思うんですよ。

福澤諭吉がウェーランドのエコノミクスを読んだと書いているけれども、そうした習慣は以前からずっとあったわけで。特に医学や自然科学など、日本人は決して知らなかったわけではないんです。文学的なものもそう。たとえば、近世初頭に日本に入ってきた『イソップ物語』は、まず九州のキリシタンのコレジオ（教育機関）では『ヱソポのファブラス』として活字出版されました。でもそれに留まらず、京都の本屋が、『伊曽保物語』という名前にして翻訳を出すんです。

西欧の文物を忌避するのではなく、「敵を知り己を知らば百戦危うからず」、という考え方だったと思いますね。

岡本●日本の場合、より高度な文化は海外から入って来ますよね。それをすぐ和風化してしまうんですよ。漢字が入ってくればひらがな、カタカナを作り、仏教が入ってくれば神仏習合する。新しくはアンパン、カツ・カレー、明太子スパゲッティ、てりやきバーガーに至るまでなんでも和風化して（笑）。

林●融通自在だよね。

岡本●こうした日本人の特性を、もっと生かせないかなと思いますね。その点で和風化がいちばん進んでないのが投資や資産運用の分野でしょう。相変わらずアルファベットや数字で騙されてしまう人も多い（笑）。

日本人のメンタリティに合う「おかげさま」投資

林●それで岡本君は一生懸命、二宮尊徳的な方向に投資を持っていこうと努力をしているんだ。

岡本●そうなんです。私は日本人の特性を生かした投資法があると思うんですよ。

一つは「おかげさま」という考え方。「おかげさま」は我々の生活を裏側で、かげで支えてくれているすべての存在に対して感謝を込める言葉です。つまり、「かげ」に対して「お」という尊敬語と「さま」という敬語をつけているんですよね。相手に対して「おかげさまで」と口にするのは、「あなたをはじめとする自然のすべてに支援をしていただいて……」という感謝の言葉を発しているのと同じだと私は思います。

我々の生活は世界中の産業・企業のおかげさまで成り立っています。株式を持つということは、生産設備を保有するということ。だから、それらの企業の株式を保有させていただき、オーナーになる。今はありがたいことに世界中の主要企業を1万円もあれば投資信託で全部買えますからね。

林●なるほど、「おかげさま」投資とは、確かに日本的だ（笑）。面白いね。

この「おかげさま」の心に沿った投資法が、日本人に合う投資法じゃないかと思いますね。

井原西鶴の「永代蔵」は、子孫に続くポートフォリオ

岡本●もう一つ、「永代」という発想。日本には永代供養、永代借地、永代証文などという言葉がありますよね。永代というのは時間的制約がないという意味。ここからわかるように、日本人は昔から永代という概念になじんでいるはずなんです。

「長期投資をしましょう」と言うと、「何年間持てばいいのですか。3年ですか5年ですか10年ですか」と必ず聞かれます（笑）。

しかし、本当の長期投資は、何年というのではなくずっと持っていればいいという意味です。短期の成果を狙うのではなく、自分の一生、さらには子々孫々にまで資産を引き継いで築いていく。そのくらいの感覚で、焦らずゆっくりと資産形成を考えていく。

井原西鶴で知られる「永代蔵」という言葉は、今日的に言えば「蔵」は全財産のポートフォリオ、それが「永代」なのだから「永遠に続く財産のポートフォリオ」という意味になります。自分の資産を永代蔵と考える発想が、豊かになった日本人には必要だと思います。自分だけの蔵ではなく、社会全体の蔵という意味でもね。

林●岡本君がいつも言っていることだね。でもなかなかそのように思う人は増えないのではないかな。依然として目先の利得にばかり目がくらんでいる人が多くて…。

岡本●そうなんですよ。ちょっと株価が上がり出すと、すぐに儲かりそうなものを必死に選ぼうとする。投機、短期投資、長期投資を区別して考えていないことが原因の一つですね。

おカネにも働いてもらう

林●しかも、その背後にモラルというものがあるでしょう。つまり、「経済を支えるうえで、モラルがなければならない」というのが、井原西鶴の『日本永代蔵』の大きなポイントだと思うね。

2章で話してきたとおり、それまでおカネというものは不浄なもので、「武士がおカネなどに触わるものではない」と言われていました。しかし西鶴は商人だから、おカネを不浄なものだとは考えていない。「不浄な扱い方をするから不浄になる」。「正しく使えばおカネほどありがたいものはない」、それは正しい考え方だと思いますね。

岡本●武士の力が強い時には、武士の「おカネは不浄」という考え方が世間の常識として通用していました。

しかし貨幣経済が浸透し始め、武士の力が弱まり、商人が勢力を増すほどに商人的な価値観が優勢になってきたのかも知れないですね。

西鶴がモラルを重視していたというのは大切な点ですね。「銀《かね》が銀を生む世の中」と言いつつ、分限から長者になるには「長者丸」が必要だと言っている。つまり、一生懸命家職に励むと同時に、おカネにも働いてもらうことが必要だという考え方で極めて真っ当なものだと思いますね。そこには浮利を追うことの戒めがある。

今の経済人や投資家にも学んでもらいたいです（笑）。

林●おカネにも働いてもらうというのは、まさに今の投資の考え方でしょう。

岡本●そうですよ。自分も額に汗して一生懸命に働き稼ぐ。同時に稼いだおカネも活用し、おカネにも働いてもらう。今すぐに必要のないおカネを、必要な企業に融通してあげる。そして、その企業の経営者や従業員が、額に汗して良い世の中つくりに貢献する。その企業がみんなから感謝され収益をあげれば、その収益の一部が自分のところに戻ってくる。戻ってくるから「リターン（戻る）」なんです。

「おカネがおカネを生む」という背後には、人々のまじめな生産活動があるんですよ。

その点で、西鶴はおカネというものを資本財として認識していた。当時としては非常に進んだ考え方だったと思いますね。そのような先進的な考え方が独自に出てきたのは驚くべきことですよ。

ＴＰＰは第二の黒船か？

岡本●江戸時代も中期になると、経済が停滞する中で享保の改革以降、緊縮財政と成長路線の間で政策がクルクルと変わる。幕府の財政は破綻に向けて進んでいきますよね。

林●享保の改革のような節約政策は、一種のデフレ政策でしょう。それが行き着くところまで行くと、田沼意次のような人が出てきて積極財政を進め、インフレに変わる。景気がよくなる一方、借金がどんどん増えて破綻に近づく。

これって、まるで今の経済政策を見ているようだね。

岡本●そして最後は、グローバル化の波にのまれて開国（笑）。なかなか、身につまされるところが多いですね。

江戸末期は幕府が弱体化する一方、化政文化が花開き、西欧社会でジャポニスムブームが起こったり、パリ万博で注目を浴びたりしたでしょう。今の日本も「クールジャパン」などといって外国の人たちの人気を集めているでしょう。
江戸時代と現代は、すごく似た部分があるように感じますね。

林●そうですね。TPPなんかを見ていると、第二の黒船のような感じがするなあ。

地球は狭くなっている

岡本●でもまあ、これからの若い人は大変でしょうね。どうやって仕事を見つけていくのか。国内における雇用機会は趨勢《すうせい》的に減少していくでしょう。必然的に海外に雇用を見つけなければならない。まあ上海や香港にしろ、シンガポールにしろ、それほど日本から遠いわけではないですからね。

私の前の仕事では、アメリカ人の夫婦で奥さんがサンフランシスコ、ご主人がワシントンで働いていて、毎週交代でお互いを訪問しあってる人もいましたよ。またロサンゼルスとニューヨークで働いている夫婦もいたな。

アメリカの東海岸と西海岸では飛行機でも5〜6時間かかるので、東京からアジア諸国に行くのとそんなに変わりません。その程度の気楽さで、海外で職場を探すという発想が必要な時代になっているという認識が必要でしょうね。

林●そうだねえ。地球が狭くなっていることを受け入れないとね。

「開国」に乗り遅れた日本企業のゆくえ

岡本●さっきも言ったけど、僕はここ十数年、日本経済が停滞した一番大きな理由は、グローバル化への乗り遅れではないかと。

1989年1月に昭和から平成になり、89年末に日本の株式市場が最高値をつけました。同じ年、世界規模では天安門事件やベルリンの壁の崩壊という大きな事件があった。その後ソ連が消滅し冷戦構造が終わり、中国経済の市場化に舵を切る。

こうして世界中で急速にグローバル化が進む中で、日本は民も官も「内向き」の対策に終始したでしょう。企業の活動も、国内の問題に追われるばかりで。当時の日本は「負債」「雇用」「設備」の3つの過剰が叫ばれたり、金融機関の不良資産処理の問題もあったり、構造不況が言われたり、とにかく問題が山積みでとてもグローバル化というところまで手が回らなかったんですね。

ところが海外の企業は、この時期にしっかりとグローバル化に対応し、大きな実績をあげ、市場を獲得するようになった。今、その差が日本企業と海外企業の間に生まれているのだと思いますね。グローバル化によって世界全体では急激に市場が大きくなったのに、日本企業はその波に乗り損ねたんです。

林●今まで自分の家の裏庭が商売の場だったのが、急に街全体に広がったようなもんだ（笑）。

岡本●そうです。日本は人口1億人強で世界でも上位のような気になっていましたけど、実は隣に13億人の人口を抱える国があるんです。

91年当時は、中国人1人が1年間に飲むコカ・コーラは8オンス缶で1本でしたが、2001年には9本になった。そして2011年には38本です。10年で1人29本増えているということは、トータルで見ると29本×13億人ですからね、膨大な量の需要が発生したんです。

化粧品なんかもそうですね。中国で10年前に化粧する人はほんのわずかでしたが、今はどんどん増え、日本の人口をはるかに上回るような数の人たちが化粧を始めている。そのような大きな変化を十分に取り込めないままに、多くの日本企業は今日まで来てしまったんです。

２０１２年後半になるまでは円高が進んだということもあって、遅ればせながらようやく日本企業の目が世界に開き始めていると思います。でも世界の変化がさらに進行すると、日本国内での雇用のチャンスがますますなくなります。

さっき言ったように次の段階の課題は、日本にいる若者たちが就職のために海外に行かざるを得なくなることでしょう。そして海外からも人材が移ってくる。グローバルというのはそういうことです。

今の日本は、明治時代の廃藩置県と同じようなもの。日本という藩がなくなって、何事も世界規模でないと動かないんですから、現実にちゃんと対応しないと。どんどん海外に飛び出していくようなね。

若者の「鎖国化」を考える

林●ところが留学する若者が減っている。それはアンチグローバルだね。

今はフリーターのように、正社員として働かなくてもなんとかなるという人が多いでしょう。それは我々の世代にも責任があるのかもしれない。我々の世代が一生懸命働いて、それこそ資産形成をして、パラサイトの子どもたちにつぎ込んでいる、そういう面もあるよね。

岡本●少子化が進んでいるので、一人っ子同士の結婚が増え、両方の親が亡くなると家が2軒くるという家庭も多いでしょう。親も子どもが留学や海外で就職するというと「そんな危ない所に行かないでもいい、あんた一人ぐらいなんとかなるから」と引き留めるようなこともあるんでしょうね。

僕らの頃は、会社の転勤であっても、海外に行けるのはとても嬉しかったものですがね。

林●僕の親父は、日本人がまだほとんど海外に出られなかった時代に政府の一員だったので、海外の国際会議などでしばしば外国に行っていたんですよ。それで外国で写真を撮ってきてスライドにして、映しながらいろいろ説明をしてくれた。その点で、僕にとって父の存在は、外国への窓でした。

父は子どもたちに向かって「今、日本人は純血国家のようになっているが、趨勢としてあと何十年かすれば外国人を受け入れざるを得ない。国際化を図らなければ日本は絶対に立ち行かなくなる。だから同質性の中だけで通じるようなことを言っていてもダメで、いかにして外国の人たちと本当の意味のコミュニケーションを図るかが大切だ」といつも言っていました。

そして、そうなったらそうなったで、こんどは日本人のアイデンティティをどのように保っていくかが重要だとも。僕が中学生で、まだ国際化のかけらもない頃にね。

また父自身、外貨の持ち出しが自由でなかった頃にフランスに留学していたので、僕がイギリスに留学することが決まった時に大変喜んだものです。僕の子どもたちにも海外で学ぶことを勧め、国際結婚も大いにしたほうがいいと言っていた。

「日本、日本と狭いことばかり言っていてはだめだ」と。だから子どもたちがみんな、海外に行くことになった時は大変喜びましたよ。その結果、うちの息子も娘もイギリスで勉強し、今はアメリカに住んでいます。娘などはアメリカ人と国際結婚したわけだから、父はきっと草葉の陰で喜んでいるでしょう。

外国が意外と近くにあった子ども時代

岡本●まさに先見の明ですね。幼い頃の体験で、僕にも同じようなことがあります。僕の父親は商社マンでしたが、ある時、自宅の電話で親父が英語で話をしていた。たぶん何かのビジネスでしょうね。それが僕にはすごく格好良く思えて、「ああいうふうになりたいなあ」と思いました。また夜、オヤジの部屋から大きな声で英語を読んでいるのが聞こえたこともありましたね。恐らく勉強していたんでしょう。それが僕の海外を意識した原体験です。

父は2000年に亡くなったんですが、毎日、細かく出来事を日記に書いていたんですよ。それが終戦直後から英文になっている。半年ぐらい続いて、「どうも言いたいことが十分書けない、やはり日本語に戻す」と日本語に戻っていた（笑）。英語と格闘していた父の姿が浮かんできましたね。

僕は東京の目黒区大岡山で生まれたんですが、中学の頃、都立大学あたりに外国人の家族が住んでいることを知ったんです。どうもそこには同じ年ぐらいの子どもがいるらしい。今考えると本当に図々しいのだけれど、ある日、「明日訪問するからね」という手紙を英語で書いてその家のポストに入れておいたんです（笑）。

翌日その家に行ってみると、まあ向こうも興味があったんでしょうね、家の中に入れてくれ、紅茶とケーキなどを出してくれ、その家の子どもとも話をすることができたんです。外国人がまだ珍しい時代だったので、そんなことをして外国人と話をするチャンスを自分自身で探そうとしていたんですね。

林●僕も、岡本君の家の近くの石川台で小学校時代を過ごしました。その後、武蔵野のほうに引っ越したんだけど、府中基地、立川基地、横田基地など米軍基地がいっぱいあって、そこら中にアメリカン・ハウスがあった。

中学校で初めて英語を習った僕は、米軍ハウスにしょっちゅう遊びに行っていた。連れて行ってくれる人がいたんです。アメリカ人の子どもと遊ぶ機会もあったね。

話せると話せないでは大きな違い

岡本●言葉なんて単なる道具ですけど、やはり言葉を話せると話せないでは大きな違いがありますよね。今は「英語プラスワン」はやっておいたほうがいいんでしょうね。

林●英語は当然としてね。今ちょうど僕の孫たちが言葉を覚えている最中なんですが、見てると面白いですよ。娘のほうは夫がアメリカ人、息子は奥さんも日本人なんだけど、両家ともそれぞれ全然違うスタイルで、子どもたちがバイリンガルのプレッシャーを受けているんですよ。その様子を僕は面白く見守っているんですけど。

娘の子どもたちは母語（mother tongue）が英語なんだよね。それもすごいバージニアなまり。父親は牧師なので、子どもたちもしょっちゅう教会に行っているんだけど、向こうのおばあちゃんやおじいちゃんはもちろん、周りは全部ズーズー弁で聞き取れないほどなまりが強い。それで、彼らの母語はなまったバージニア英語になっているんですよ。

アメリカ人の父親は、もともとはそこで育ったんだけれど、米軍放送のジャーナリストだったから、標準的な英語を身につけていてちゃんとした英語（米語）をしゃべる。娘のほうは日本で育ってイギリスで高等教育を受け、ロンドン大学を卒業、7年ほどイギリスにいたので、イギリス英語をしゃべるわけだよ。夫婦の間では、ニューヨークあたりの英語とロンドンのイギリス英語とでしゃべっている。息子たちはバージニアなまりでしゃべっている。そして僕ら夫婦としゃべるときは日本語でしゃべっている。つまり孫たちの脳みそには、いろいろな言語が書き込まれているわけ。しかし、それをちゃんと使い分けるんだよね。不思議なことに全く混ざらないんです。

一方息子のほうは女の子が2人。両親とも日本人なので、家の中では日本語なんだけれど、学校はプレスクールから現地の学校に通っているので、英語が自由に口から出るようになってきているんですよ。

岡本●うちの娘はアメリカ生まれですが、8歳の時に日本に帰ってきました。今でも英語は、少しはしゃべれるようだけれどもネイティブという感じではないと思いますね。あんまり彼女の英語を聞いたことがないので、よくわからないですけれど（笑）。

僕のすぐ下の弟は、ロサンゼルスに30年以上住んでいて、子どもたち3人ともロス生まれで、完全なバイリンガルです。驚くのは、日本語の読み書きがきちんとできるということ。

何でも、家では絶対に英語を使わせないような方針で育てたんですって。でも結局、子どもたちだけでいる時の会話は英語になってしまうらしいんですけどね。僕へのメールも日本語で書いてくるんですが、漢字を少し間違えると大変な間違いを犯したように思っていたみたいで、「日本語って難しいですね」などと書いてきますよ。間違いに非常にナーバスになっています。こっちの日本語だって細かい間違いはいくらでもあるのにね。

英語では、3人称単数現在形の動詞にはSをつけなければいけないと教えられるでしょう。そうしないと試験ではバツになりますよね。そのため、Sがないと「通じない」というイメージがついてしまっているんでしょうね。でも、こういうのって、本当はある程度英語が話せるようになって、きちんとした英語を目指すときに必要とされることなんです。「通じる」という点からいえば枝葉末節ですよ。

そんな細かい決まりごとは、英語教育の最後に教えればいいことだと思うんですけどね。

林●そういうのが強迫観念になってしまってしゃべれなくなってしまう日本人も多いよね。

岡本●そうですよね。

日本人としてのアイデンティティを作ることの大切さ

岡本●日本の英語教育も変えていかないといけないでしょうね。最近は日本でも外国人と接する機会が増えているし、小学校からネイティブな言葉を教え始めたけど、限界があるかもしれませんね。

林●中途半端な英語を覚えるよりもまず、日本人としてのアイデンティティをきちんと作ることが大切なんじゃないでしょうかね。

僕はねえ、バイリンガルのように話せなければならないかというと、必ずしもそうではないと思っているんです。うちの子どもたちは、小学校の時に1年間だけケンブリッジの小学校に通った後、ずっと日本で教育を受けました。その後ふたりとも大人になって、大学2年の時に日本を飛び出してね、イギリスに行ってしまった。それから、ロンドン大学で学んだというわけなんだけれど、それでもまったく英語は不自由がないからね。

何も小さい頃からやらなければいけないわけではなくて、目的意識を持って主体的に学ぶことが大事なんだと思いますね。

岡本●確かに日本人がネイティブみたいにしゃべる必要は無いですよね。まずは通じることで、後は中身。どうしゃべれるかよりも、何をしゃべるかが大切です。

日本語でもしゃべることが決まっていないのに、「何かしゃべらなければいけない」と思ってしゃべる人が非常に多い気がしますね。僕はよく講演に呼ばれるんですけど、質疑応答の時間によくそういうことを感じます。

手を挙げて話し出すのだけれど、自分の言いたいことばかり話していて、何を聞きたいのか質問の内容がわからない人が多い。とにかく「しゃべりたい」という人も多いですね。「なんだかなあ」という感じですけど。

まあ、言葉を勉強することは、言いたいことをきちんとまとめるというトレーニングにもなるでしょうから、学ぶことを否定はしませんが。

林●そういえば、僕も似たような経験があるな……。講演のときの質疑応答って、たいていはそんなことになるので、僕は今は質疑応答はなしにしてもらっています。

ＩＣＵで教えたことがあるんだけど、非常に頭にくるのは、人の話を聞かないうちに学生が質問してくるんだよね。「今説明しているんだから、もうちょっと待てよ」と思うのに、話を途中まで聞くと「ハイハイハイ」って言うんだよね。これは行きすぎたアメリカ式。人の話を聞く、そのうえで自分の考えをまとめて発表する、が基本でしょう。

やはり日本人は議論に慣れていないし、自分の意見を主張するのが苦手でしょう。でも苦手だから、で逃げてばかりもいられない。外国人と対等に議論するなら、自分の立ち位置を明確にし、足下を固める必要がある。となると、日本人としてのアイデンティティなんですよ。自分を、日本という国をよく知り、自信を持って相手と向き合える。外国語よりも以前に、母語としての日本語や日本文化がきちんとできて、誇りを持っていて、万事はそこからです。そんな人間としての芯を持つことが、同じ舞台に立つための条件だと思いますね。

第5章

資産は美しく遣いきるべし

——「減蓄」ノススメ

人には「学び」「働き」「遊び」3つのステージがある

岡本●いろいろ話してきたけど、結局おカネの遣い方を考えるというのは、その人の生き方を考えるということですよね。将来の自分を今の自分が支える、そのためにはおカネをどう遣うのか、と。

僕自身、60歳を過ぎて改めて思うのは「振り返ってみると時間の経つのは本当に速い」ということなんですよ。この年になると、先のほうが短いことは承知している。では、今まで自分がどのように生きてきて、今どういうステージに立っているのか。今できることは何で、どうすればそれを実践できるのか。そんなことをしっかり認識したうえで、今を生きることが大切だという気持ちがどんどん強くなっているんです。

この感覚は、同年代である林君にもわかってもらえると思うんですが。

林●よくわかりますよ。僕もこれから先の時間の遣い方を意識せざるを得ない状況にあると思ってるからね。

岡本●人生が100歳まであると仮定して、僕は人生には3つのステージがあると思っているんです。

最初の3分の1は、いろいろなことを学んでいく「学びの時代」。生まれた時から始まり、生きていくための生活の基礎を身につけ、義務教育期間を経て、高校、大学、人によっては大学院という長い学びの時代を経て、人は社会に出て行きますよね。社会に出たからといってすぐに社会に役立つ人間になれるわけではなくて、最初の10年くらいは見習い期間でしょう。いわば「学びの時代」は自分という人的資産の形成期で、将来に備えての自己投資に励む時期でもあります。

次に来るのが「働きの時代」。30代のはじめから60代半ばくらいかな。ここは「学びの時代」に築いた人的資産を、金融資産に変換していく時期です。仕事ではプロとしての腕を発揮し、社会に貢献する。また多くの人は家庭を持ち、子どもを育て、退職後の経済基盤を作る時期ですね。

林●なるほど、我々はそろそろ「働きの時代」から「遊びの時代」に……(笑)。

岡本●そう、最後の3分の1は「遊びの時代」です。遊びといってもごろごろ寝ているっていうのじゃなくて、仕事をリタイアメントした後、時間に縛られずに自分のやりたいことに取り組める時期なんです。自分の好きなことを好きなだけ、ワクワクしながらやる。それがそのまま世の中のためになる、というのがいいですよね。

観音経に「観世音菩薩は、いかにしてこの娑婆世界に遊ぶや。いかにして衆生のために法を説くや」という言葉がありますが、これは「銀座で遊ぶ」のではなく、修行をしながら人を良い方向にみちびくために諸国を歩くということだそうです。教えの旅が観音さまの遊化《ゆけ》です。そのような遊びをしたいものですね。

要はこの「遊びの時代」は、今までに生きてきた時間の中で、築き上げてきた金融資産を活用しながら、自分の生きざまを形成していくんですね。

林●どうおカネを遣うか、がこのステージでも新たに問われるわけだ。

岡本●そうなんです。こういうふうに人生には学び、働き、遊びの3つのステージがあって、それぞれのステージで人的資産、金融資産、生きざまという3つの資産を形成し、活用していくプロセスの組み合わせ、と考えるとわかりやすいんじゃないかと。

そして最後の「遊びの時代」に、「生きざまをどう活用するか」は、次の世代の人的資産の形成に役立てる、そこにつながっていくと思うんです。

林●このプロセスを未来永劫、ずっと回していかなきゃいけませんよね。

60歳を過ぎたら「貯蓄」よりも「減蓄」

岡本●林君の『臨終力』（ベスト新書）に、よく死ぬための6項目が上げられていたでしょう。あれ、僕はすごく興味深く読みました。

林●人の命は有限で、いつ、どこで、どういう形で終わってしまうのかわからない。だから命はいつか終わるものだという覚悟を持って生きろと。あの6項目は、自らを鼓舞する意味も込めて、掲げたんですよ。

よく死ぬための6項目

1　人生を直視し応戦する

2　心に北極星を持って生きる

3　世間への恩返しを考える

4　最後の瞬間まで健康に生きる

5　60歳を過ぎたら「貯蓄」よりも「減蓄」

6　自分の終末をイメージしておく

『臨終力』（ベスト新書）より

人生にはどんなことでも起こる。これは僕の信念であり座右の銘としているところです。老・病・死、そして避けられない人生の困難に正面からぶつかり、乗り越えて「元気に死ぬ」ことが理想でしょう。そして人生の目的は「金持ち」になることではなく、「幸せ持ち」になること……そんな僕の考えをまとめたんですけどね。

岡本●「60歳を過ぎたら減蓄」というのが興味深いですね。死に向かって、今まで蓄えてきたものを処分していくという。この年代で投機に必死になっている人の話を聞くと、「減蓄」どころか、今から「増蓄」に励んでいる人も多いですが、真逆の発想ですね。「減蓄」って本当に減っていくのではなく、自分も持っているものを社会や未来に移していく作業でしょう。

林●そう、まさかあの世まで資産を持って行けるわけじゃないし、僕も身近な人の死をいろいろと経験して、よく言われているように、金融資産をたくさん遺すことが果たして子孫のためなのか、真剣に考えるようになったんです。

岡本●子孫に遺せるものは、金融資産だけじゃないよね。

林●巷によく聞くように、それまで円満にしてきた兄弟が、遺産を前にして、みにくい争いをはじめるようになる、ということもあるでしょう。そこで、「減蓄」、貯めてきたものをどう減らしていくかということを、今は強く意識しているんですよ。

岡本●僕もその意見に賛成です。2012年に病気をしてから、余計に考えるようになりましたね。

大事なものから捨てるという美学

林●僕の場合、財産といってもおカネはあまりありませんが、本はたくさんあります。これが実際にはかなりの資産になっているんですね。

でも、僕が死んでしまったら、誰もその価値がわからず、二束三文で売られるかも知れないでしょう。もしも生きているうちに売るとすると、いい加減なことはできませんよ。出入りの神田の古書店に頼んで市に出してもらえばいいと思うんですけど、正当な価格でなければ承知しない。そうやって、しかも大切なものから売っていけという考えなんです。

僕は、処分の仕方にも美学をもっていて。世の中では「断捨離」という考え方がもてはやされているけど、大切なものを残して残りを処分するのはしみったれた考えだと思うんです。僕に言わせれば、そういうのは、タバコを止めるのに少しずつ止めるようなもの。僕は一番大事なものから処分していき、「最後に死ぬときはどうでも良いものしか残っていない」、そういう死に方をしたいなあと思いますね。

岡本●良いですね。そういう死に方は美しい気がします。そして「気楽に」死ねる（笑）。

「価値のあるもの」と「意味のあるもの」

林●だけれども、作家という仕事には定年がありませんから、どこでリタイアするかわからない。

資料本がなければ書けないことも多いので、必要なものを売ってしまうわけにはいきません。どの時点で始末をするか、今慎重に思案を巡らして、最も適切な方法で、最も適切なところに売却したいと考えているんですけどね。

これは一種、お金の投資先を考えるのに似ているような気がします。この本を本当に必要としている人の手に渡るように売りたい。次の所蔵者がよろしく整理活用して、学問の進展に役立てるなり、多くの研究者に公開するなりして、本を売ったことが世のため人のためになった、そういうふうに売りたいと思っているんです。

岡本●僕はそんなに値段の高い本を持っているわけではないんですが、歴史的にも学術的にも実務的にも、非常に価値のある本はある程度持っています。しかも、もう廃刊になっているのも多いんですよ。その多くは安い値段で古本屋で買ったもので、一般の人から見れば単なる古書です。散々、赤線などを引いてしまっていますから、売っても大した値段にはならないでしょう。

ただ、古本としての価値はなくても、この分野を研究している人には価値があるはずです。

一番良いのは、僕が研究している分野に興味を持つ人に贈呈することでしょう。でもいつ、それをあげてしまうかが難しい。林君と同じ悩みですね。

林●そうなんですよ。2011年に父が亡くなったんですが、膨大な量の経済関係の本を遺したんです。しかし、私にとってはほとんど意味がないもので、売っても書庫いっぱいで20数万円ぐらいでしょう。といって、場所を取るから置いておくわけにもいかない。自分の本だって始末したいんですからね。

そんな矢先、幸いにも父の記念館を作りたいという人が現れたので、一括して東北福祉大学に寄付したんです。写真なども、本当に手元に残しておきたいものだけ残して後は渡してしまいました。そのような形でどこかに引き受けてもらうのも「あり」なんだけど、これは死ななければできない話なんだよね。

岡本●老子の道徳経に「~道をなせば日に損す。これを損してまた損し、もって無為に至る。無為にして為さざるなし~」と言っています。これはまさに減蓄に通じる考え方ですね。

身にまとわりついたものをすべて捨てていくことで、ありのままの自分があらわれてくる。そうすると本当に自由な境地となれる。

減蓄はペース配分が難しい

林●僕は、いつまでも今のような生活ができるとはとても思えません。今は収入もあるが経費もたくさんかかっていて、言ってみればある程度の大きさの自転車操業のようなものです。これが病気でもすると、急に回らなくなる。そうなると、経費がかかり過ぎて今の家には住んでいられなくなると思うんですよ。

この例を出すまでもなく、自分の生活をどうやってダウンサイズしていくか、どう老後に向かっていくかは、非常に大きな課題になりますね。

岡本君が言うように「死はリスクではない、いつまで生きていられるかという不確定性がリスクだ」というのは全くその通りですよね。

死だけではなく、病気もそう。たとえばがんなどは、ある程度早期に発見できれば急に死ぬわけではないでしょう。でも脳梗塞や動脈瘤の破裂などだと、あっという間に死を迎えますよね。運良く生き残っても、半身不随で仕事ができないとなると、ものすごく経費がかかるのに収入が途絶えるわけで。

そうなった時に困らないように、何か手を打たなければいけないとすごく思いますよ。

岡本●ダウンサイジングしていく時、一番難しいのはそのスピード感ですね。おカネにしてもそう。「俺は平均寿命まで生きればいい」と思って全部資金を遣ってしまっても、100歳まで生きるかも知れない。そうしたら悲惨ですからね（笑）。

といって「遊びの時代」に全然遣わないでじっとしているのも面白くない。何のために働いてきたのかわからないですものね。軟着陸の難しさですね。

香典でラオスに学校を建てる

林●減蓄を考えるようになってから、おカネ以外で子孫に遺せるものを真剣に考えるようになったんです。2年前に亡くなった僕の父も、僕たち兄弟にかけがえのない無形の財産を遺してくれたと思って。

岡本君の場合、お父様は大手商社で財務の神様と言われた方でしたよね。岡本君が今日あるのは、お父様のＤＮＡがすごく大きいと思いますね。

岡本●単なるがんこ親父だったんですけどね（笑）。

ただ小さい時に両親を亡くし、かなり苦学したと聞いています。ただ父の生きざまを見ていて、本当に仕事に生きがいを感じて、自分たちの働きで国がどんどん良くなっているということを感じていたんだろうな、と。あの時代の人はみんなそうなのかも知れませんが、そういう意味では幸せだと思いますね。

２０００年に父が亡くなった時、いただいたお香典でラオスに学校を立てたんです。親父もそれを一番喜ぶんじゃないかと思ったし、うれしかったのは弟たちも大賛成してくれた。親父の持っていた「人のために、自分にできることを何かしたい」という感覚は、僕たち兄弟にも引き継がれている部分があるんでしょうね。

林●僕の父も、特別なことは何も教えてはくれなかった。けれども自分の生きざまで指針を示してくれた。そう感じることは確かにありますね。

福澤諭吉だってそうでしょう。お父さんは早くに死んじゃったけど、非常にまじめな、曲がったことが大嫌いな堅物の人だった。そのお父さんのことを、「お父さんは偉かった、お父さんは偉かった」ってお母さんが毎日毎日物語る。それを聞いて育つから、福沢諭吉は男女同権論者になるわけですね。

お母さんは偉い、まじめでね、しかも偉かったお父さんが、その心に乗り移っているようなものです。だから諭吉は決して女性を蔑視することを許さない。そこから自由・平等・権利の尊さを説き、慶應義塾設立につながった。

やはり親の生きざまからの教育というのは非常に重要で、私どもはその恩沢に浴しているわけですね。

岡本●有形無形の遺産というか、一人ひとり親のＤＮＡを引き継いでいますからね。最大の遺産はＤＮＡ。僕たちの世代も、次の時代に引き継ぐべき遺産や明るいメッセージを残したいものですね。

団塊世代は次代に何を遺せるか

林●そこで、次の時代に何を遺せるかという話なんだけど。

僕らは団塊の世代でしょう。この世代ってマイナス面ばかり強調されるけれども、膨大な数の人的資源が蓄積したものもいっぱいありますよね。たとえば100人が蓄積したものを持って社会に向かうのと、1000人が向かうのとでは、マンパワーが全然違う。だから我々は何も引け目を感じることはなくて、自分が今まで蓄積してきたことを、これからは社会に還元すると考えればいいと思うんですよね。世代全体で見たら、膨大なものを社会に還元できるはずなんだから。

おカネの遣い方も含め、我々世代の一人ひとりが、そういう感覚を持つことが僕は重要だと思うんです。「俺はもう余生だから、どうでもいいや」ではなくて、どうせおカネを遣うんなら、遣い方で品格を示し、若い世代に指針を遺すような、そういうことがあらまほしいなと思うんですね。

岡本●若者が憧れる対象になれるといいですよね。彼らにとっても、「自分もああいう生き方をしたいな」という存在があると人生に前向きになれるでしょう。

それは親世代じゃなくて、一世代上の人。もちろん父親や母親の影響も大きいですけれども、「ああいうふうになりたい」と思わせてくれるのは、安倍さんが岸信介さんみたいになりたいと思うのと一緒でね、世代が離れていると余計にそう思いやすいんじゃないかな。
団塊の世代の人間は、少なくとも社会に出て四十何年かを生きてきた。つまり社会人の前半に、景気が良かった時代の記憶を持っているんです。これは貴重な財産ですよ。就職して20年くらいの人以降は、プラスのイメージがないまま年をとっていくんですから。そういう意味では年寄りの役割は重要だと思いますよ。

林●うば捨て山の話でも、「年寄りの知恵がいかに大事であったか」を知って終わるという教訓ですよね。我々もなすところなくうば捨て山に捨てられてちゃだめだね（笑）。

「窓際族」は、実は多くの人から慕われていた

林●一世代上という話でいうと、僕の祖父は海軍の軍人でしたが、非常にリベラルな考え方の人で、また歯に衣着せず、相手が上層部であろうと何であろうと思ったことをズバリと直言するというタイプの人だったのね。昭和10年、軍縮のために上層部が旧軍艦を標的艦にして沈めるという決定をした時、「そういうことは誠によろしくない」と上層部に直言したたん

ですって。それで即座に予備役に編入されちゃったんです。

祖父は、息子たちが全部文人になったことでもわかるように、文人的な人でもありました。予備役編入後は、川村女学園で漢文・古文を教えていたんですが、大変人気のある先生で、定年で退職する時には女子学生たちが大挙して家に押しかけてきて、泣きの涙で「先生、辞めないでください」と言ったというんです。僕の父はそれを見て、「うらやましいな」と思ったって（笑）

それまでは祖母なんかも、「窓際族になっちゃって」と祖父のことを軽んじていたと思うんだよね。だけど多くの若い女子学生から慕われている祖父の姿を見て、祖母も父たち兄弟も、祖父を見直し尊敬したんでしょう。

出世とは異なる、人間としての生き方を見せた祖父。そういう祖父の姿が、父たちにとってはリベラルな教育になったと思います。

岡本●男の子どもの場合、特に、父親の仕事を多かれ少なかれ意識しますからね。

大切なのは、父親のイメージは、母親が作る面も大きいということ。今は「お互いに」ということかな。父親が毎日仕事で夜遅くなる家庭でも、母親が子どもに愚痴を言うのではなくて、「お父さんは今日も私たちのために働いてくれてるの、感謝しなくてはね」と言うだけでイメージが全然変わってくる。

子どもには贅沢も覚えさせたほうがいい

林●一方で、これまで話してきた通り、正しいおカネの遣い方も、親世代が指針となって見せないといけないと思うよね。

「おカネがあるから無尽蔵に小遣いをやる」という考え方だと、そのおカネは必ず『死に金』になってしまう。自分の子どもに対して、おカネを遣ううえでの倫理をきちんと教育していくのが大事。

そのためには単に質素に倹約して育てればいいというものでもなくて、ある程度の贅沢もさせる必要があると思うんです。ただただちびちび、しみったれた生活をしていると、もしも子どもが大きくなって急におカネが入ったとしても、その遣い方がわからない。わからないから成り金的な、品格のないおカネの遣い方になっちゃうんですよ。そうなると、その次の世代にまで影響してしまう。

岡本●ひいては、日本の将来のためにならない。

林●だから子どものうちから、ちゃんとマネー教育をしておくことが必要なんです。そうすればおカネを手にした時の遣い方に節度が生まれる。そういうことが広い意味での教育だと思うな。

　僕は「子どもだから」と高級品を食べさせないのではなくて、ある程度は子どものうちから高級な料理も食べさせて一流の味を教えたほうがいいと思う。そういうお店でのマナーを教えることにもなるし。

『節約の王道』でも書いたけど、僕は、自分の子どもを回転寿司じゃなくて、ちゃんとした寿司屋に連れていっていましたよ。

岡本●3、4年前、ヨーロッパの大富豪の何代目かと会ったことがあるんですよ。先祖代々の資産を受け継いでいる彼らと話していて思ったのは、結局、「おカネ」がすべてではないということ。あんな世界の名家を前に、皮肉にも、だけど（笑）。生まれてから先祖から引き継いだ財産を守っていくことを運命づけられているというのは、気の毒な人だなと思ってしまう。
僕は親世代から巨額の資産を受け継いだわけではない。でも生きざまや死にざまなど、有形無形を含め父や母から受け取ったものはすごく大きいと思うんですよね。

教育はいつの世も、最大の投資である

林●僕は拙著で、「一番良い投資は子どもに対する教育だ」と書きました。人はある時期がくると歳をとって、自分と配偶者だけではどうにも立ち行かなくなる。そうなれば子どもたちに「頼んだよ」というより仕方なくなってしまうでしょう。

岡本●その時に「親の面倒をみろ！」と押し付けるのではなく、成長の過程で親の世話になったことを感謝するように育てていくことが必要でしょうね。
真の教育というのは、その子が人生最後の時に「ああ、いい人生だった」と思えるようにしてあげることだと思います。

林●全くその通り。そのような教育をしていれば、自然に親から始まり世の中全体に対する

ご恩の心が湧いてくるはずですからね。

僕はいつも言うんですけど、学校にできることは極めて限られているんですよ。学校にいるのは朝の9時から午後2時か3時まで、せいぜい5時間程度で、残りはプライベートな時間でしょう。学校と家庭、どちらが自分の子どもの有りように責任を持つかと言ったら、過ごす時間の割合から見ても家庭の責任、親の責任のほうが大きい。親は責任重大ですよ。

「帰宅の時代」という生き方

岡本●そういえば、林君の『帰宅の時代』を読んで、興味がわいてきたので1人の人間が一日の時間を何に使っているか、誰と使っているかという資料を作ってみたんです（次ページ）。

これを見ていると、働き盛りの男性が家庭のために使う時間がほんのわずかだということがわかりますね。子どもと一緒に過ごす時間もすごく少ないから、父親抜きで家庭が完結してしまっているんですよ。

将来、退職後に「帰宅」したくても帰宅する場所がない、という人の話を聞きますけど、

交友関係という資産の配分

男女、一緒にいた人別主行動の総平均時間（平成23年）

			10〜14歳	15〜24歳	25〜34歳	35〜44歳	45〜54歳	55〜64歳	65〜74歳	75歳以上
男●総平均時間		一人	154	317	309	322	357	356	409	380
	一緒にいた人	父	101	60	37	31	21	8	2	1
		母	231	112	43	48	39	31	8	3
		子	—	6	94	124	98	64	45	56
		配偶者	—	6	123	142	146	245	338	384
		その他の家族	199	95	27	23	21	35	44	37
		学校・職場・その他の人	465	464	465	428	425	329	150	93
女●総平均時間		一人	146	312	271	318	415	448	474	495
	一緒にいた人	父	119	60	37	28	14	7	1	0
		母	245	148	72	57	57	32	8	0
		子	—	28	250	329	162	89	71	115
		配偶者	—	14	127	151	155	257	271	165
		その他の家族	206	86	44	38	37	65	65	74
		学校・職場・その他の人	454	424	334	254	267	193	122	85

（1日当たり、分）

総務省統計局「平成 23 年社会生活基本調査」より作成

家族との時間を持っていないんですから、居場所がないのは当たり前ですよ。若い時からある程度、家庭に対する「時間の投資」をしておく必要があると痛感しますね。

林●そうですよ、退職してからでは遅い。

岡本●昔の上司がこんなことを話していました。奥さんが別荘地のパンフレットを見ながら、「こんなところに親子3人で住めたらいいでしょうね」とつぶやいたんですって。その人の家には子どもが2人いる。つまり、自分は家族3人の中に数えられていなかったんですね。上司は「愕然としたよ」と言っていましたが、多くのサラリーマンにとって身につまされる話ではないでしょうか。

林●最近は日本でも「イクメン」が増えてきたといってもまだまだ。男たちは子育てに知らん顔で、奥さんの負担が大きいんですね。急いで子どもを保育園に迎えに行き、帰ってくると大急ぎで食事の支度をして、亭主に食べさせて、なんてやってるでしょう。

これから先はね、『武士は相身互い』という言葉があるけれども、協力し役割分担して、自分たちで子どもを育てていくことが大事だと思うんです。今の時代がそれを実践すれば、将来はその子たちがさらに子どもたちを育てていく。それでいいじゃないですか。

誰しもが通る道なんだから、「あいつは子育て休暇を長々と取ってけしからん」なんて言わないで、「ぜひみんな取りなさい、その分は周りが支えようじゃないか」と。こういう考え方がないと、次の世代につながっていきませんよね。

今みたいに育児休暇は取れるけどその間無給なんていうような、『仏つくって魂入れず』じゃダメ。全額支給する必要はないかもしれないけれども、せめて本給の6割とか7割とか、そういう保障を法律で義務付ける必要があると思うんです。そういうふうにしないと男女平等だって実現しないし、子育てだって偏頗《へんぱ》な形になっちゃうのじゃないかね。

もっとも、若い人には出産に立ち会う男たちも多いし、育児に濃厚に関わる男性もいて、新しい芽はできているように感じます。10年、20年とこの動きが加速していけば、日本の子育て環境ももうちょっとよくなるかなとは思いますけどね。

岡本●そうですね。あと、ビジネスでの日本独自の「お付き合い」も考え直す必要がある。

僕の場合は海外生活が長かったので、アフタービジネスで必要以上の付き合いを強制されることは少なかったんです。飲みには行ったけれど、社用ではなく友達と行くのが大部分だったから、そういう意味では幸いだったかもしれないと思います。日本では、「飲みニュケーショ

時間という資産の配分

男女、年齢、行動の種類別主行動の総平均時間（平成23年、週全体）

行動の種類	男						女					
	25〜34歳	35〜44歳	45〜54歳	55〜64歳	65〜74歳	75歳以上	25〜34歳	35〜44歳	45〜54歳	55〜64歳	65〜74歳	75歳以上
有償労働	**490**	**507**	**497**	**375**	**173**	**43**	**294**	**235**	**253**	**173**	**76**	**19**
主な仕事関連	430	442	434	326	154	40	250	201	225	153	68	18
副業関連	5	2	1	4	2	1	2	1	1	2	2	0
運動	49	52	54	38	13	2	36	29	24	15	6	1
その他の仕事関連	7	10	8	7	4	1	5	4	3	2	1	0
無償労働	**65**	**60**	**66**	**77**	**126**	**135**	**228**	**322**	**291**	**314**	**316**	**249**
家事	18	18	30	43	73	97	108	199	219	240	252	212
育児	16	14	6	3	5	1	68	60	10	8	6	2
買い物・サービスの利用	19	17	15	16	23	17	32	38	38	39	35	22
家事関連に伴う移動	10	9	9	8	12	10	15	16	18	20	16	9
ボランティア活動関連	3	2	6	8	14	11	4	8	6	7	8	4
学業、学習・自己啓発・訓練	**13**	**5**	**1**	**4**	**2**	**2**	**16**	**8**	**7**	**4**	**5**	**2**
学業	8	0	―	―	―	―	9	1	1	0	―	―
学習・自己啓発・訓練（学業以外）	5	5	1	4	2	2	7	6	5	4	5	2
個人的ケア	**637**	**629**	**613**	**657**	**698**	**769**	**670**	**646**	**622**	**643**	**690**	**778**
睡眠関連	480	466	448	473	501	551	474	447	429	446	481	551
身体的ケア	58	60	60	65	67	81	86	83	79	76	86	90
食事	98	103	106	119	130	137	109	116	114	121	123	138
自由時間	**215**	**215**	**231**	**285**	**404**	**461**	**200**	**203**	**238**	**269**	**319**	**369**
社会参加・宗教活動	0	1	1	2	4	4	1	1	1	2	6	7
交際	18	15	17	18	23	21	25	23	27	31	31	31
教養・趣味・娯楽	70	46	35	36	53	33	41	40	34	31	30	21
スポーツ	10	14	12	26	42	37	7	8	10	15	25	18
マスメディア利用	109	133	159	192	264	332	116	122	153	180	208	250
休養・くつろぎ	6	6	7	11	17	36	9	9	12	11	19	42

（1日当たり、分）

総務省統計局「平成23年社会生活基本調査」より作成

ン」なんて言葉があるように、飲むことは仕事の延長線上にありましたからね。

もっとも最近の若い人は、上司と一緒に飲みに行くことも減っているとか聞きますね。上司に誘われて酒を飲みに行った時に残業代をつけたという話も聞いたな。「上司と飲むのは仕事です」と(笑)。

昔は会社の福利厚生として当たり前だった社内旅行なんかもなくなってきた。まあ、会社に余裕がなくなってきたということもあるでしょうけどね。

林●少し前に、Tデパートが全女子社員に慰安旅行の希望を聞いたそうです。そしたら、圧倒的に「行きたくない」という回答で、それ以来慰安旅行は廃止したんですって。当然だね。社内研修という美名に隠れての慰安旅行、それも男たちのお楽しみ、みたいなね、もうそんな時代ではないと思わなくてはいけませんよね。

そういう意味では企業の緊縮財政も悪くはないと思うな。各地で企業の保養所が投げ売り状態になっているでしょう。まず保養所、次にスポーツチームや運動場などを手放す。本当に保養所が必要だったのか、今こそ考えるべきだね。

「独楽吟」に知る、本当の幸せ

岡本●家庭のあり方という点で言えば、林君が『節約の王道』で紹介していた橘曙覧の「独《どく》楽吟《らくぎん》」、あれはいいですね。あそこにあるような何かほのぼのとした知足の世界というか、本当に幸せな家庭の生活が今、失われているような気がして仕方がないんですよ。

林●いいでしょう。あれは全部で52首あるんですが、そのどれもいいですよ。ただ、あの人はあの歌だけがいいんだよね。他はあんまり大したことはない（笑）。

彼は幕末に近いところに生きた人で、明治になる直前に亡くなっているんですよ。まあ、明治になって新しい世の中を見ないで幸いだったかもしれないなあ。どの句のみんな、ほろっとするよね。

岡本●先日送った『辞世の一句』（葉文館出版）もなかなかいいでしょう。「見納めは医者の鼻毛の二三本」、「俺先にいくけどお前どうするの」とかね。ああいう句を詠んで死にたいものですね。

林●本当だねえ。昔の人は死ぬことにも余裕があったような気がしますよね。辞世の句を詠むだけの暇と余裕。自分がいつ死ぬかわからないという死生観を反映したようなところもあったと思いますね。

岡本●死が非常に身近であり、多くの人が常に死というものと隣り合って生きていたような気がするな。

林●メメント・モリというのかな、いつも「死」を思って生きること。非常に大事なことですね。「みんな、辞世の句や歌を詠もうよ」というのもいいと思いますよ。辞世の句を詠むことで、自分が死ぬということを具体的にイメージできる。粛々と死ぬことの句でもいいし、世の中を斜《しゃ》に眺めながら句を詠むのでもいい。

自分の人生を振り返って、五七五あるいは五七五七七にまとめる、今の時代もそういう余裕が欲しいですね。

毎年遺言を書くことでベストな最期を考えておく

岡本●そういえば「臨終力」の中で、遺言を書いたという話があったでしょう。僕も3年ぐらい前に書きました。最初は財産のことを中心に書いていたんですが、それだけでは何か寂しい気がして、序文を書いたんですよ。書き始めてみると、これがなかなか面白い（笑）。遺言という言葉のとおり、「遺金」ではなく「言」を書いてやろうと思って書き始めたら、結構長いものになりましたよ。妻と娘には読んで聞かせました。

林●僕は毎年正月に、遺言を書いてますよ。考えが変わるので、内容は毎年、少しずつ変化してますけどね。

先日父が亡くなり、妻の父親も亡くなり、また妹も亡くなるなど、周りで多くの人が亡くなった。僕は当初「葬式などやらなくても良い、戒名もいらない」と思い、そのように遺言に書いていたんです。だけど、何度かの葬式を見ていて、葬式は僕の意図というより、「お別れをしたい人のための場」だと思うようになってきました。そう考えると絶対にやらないというのも頑《かたく》なしい話だし、娘婿の牧師に仕切らせて「自然に、大げさにならないようにやりたければやってくれ」と思い始めたんですよ。

だから「葬式はやらない」というのは取り下げようかなと今は思っているんです。

岡本●僕は戒名もいらないし、大げさな葬式もしないでもらいたいと思っています。墓も代々の墓はあるのですが、妻と僕が入る樹木葬の墓地を買いました。妻は、いつの間にかいなくなっているのがベストだと言っていますよ。

僕は昨年、がんで手術を受けたでしょう。手術室に入り「はい、それでは麻酔を入れます……」と言われた瞬間でまったく意識がなくなった。もちろん、痛くも痒くもないし、夢を見ているような意識もない。自分という存在そのものが全くなくなっているようで、時間感覚もないんですね。

そしたら遠くのほうから「岡本さーん、聞こえますか」と言う声が聞こえてきた。「あれ？どうしたんだろう」と思って目を覚ましたら「もう終わりましたよ」と言われた。部屋の時計を見ると確かに4時間経過している。これは本当に不思議な体験でしたね。あのまま麻酔が覚めなかったら、死んでいても気がつかないですよ。その経験をしてから、死が恐ろしいものだという意識があまりなくなったような気がするなあ。

林●死に際して天に向かって登っていき、大きな光が見えたとかいう話もあるけれども、そういう体験もないの？

岡本●ないですね。麻酔で意識を失っているのと、本当に死ぬということはそこのところで大きな違いがあるのかもしれませんね。ただ、自分がこの世から完全に消え去った時の体験というのか、自分自身が体験してるという意識もないんだけれど、その状態を垣間見ることができたような気がするんですよ。

「早寝早起き、腹八分目、酒はほろ酔い、色を慎め」

林●その後、死生観のようなものは変わった？

岡本●自分にとって何が一番大切かということを考えるようになったと思いますね。人間は必ず死ぬわけだし、確実に起こる事象だからリスクはありません。もうひとつ確実なのは「今、生きている」ということ。これもはっきりしていますよね。リスクがあるのは、この生きているという状態がどれだけ続くか、いつ終わるか。そう考えると、「今生きている」というありがたい現実の中で、「本当に自分がしなければいけないことは何なのか」を考えるようになりました。

多くの方が、「病気をしたんだから、これから少しのんびり生きればいいじゃない」と言ってくれるんですけど、「生きているうちに何ができるか」を考え始めると、そうのんびりもしていられない気がしてきますね。まあ、死がより身近になったということは言えると思います。

林●そうだろうね。95、96歳くらいになって、葬儀の時にみんなが「大往生ですね」などと言うけれど、僕なんか父親と一緒に住んで面倒をみて、お袋もがんでなくなるのを見送り、すべて僕ら夫婦でやったからね。父が「大往生」で「立派な死に方でしたね」と言われるまでの10年くらいの間、僕らがどれぐらいバックアップをしていたかということを知ってほしいと思います。表立って大きな声では言えないし、僕らも口を合わせて「そうでした、立派な往生でした」などと言っているわけですけどね。

自分がそうなった時に、そのような手厚いケアを享受できるとは限らないわけだから、これも「地獄の沙汰も金次第」で自分がおカネを遣って、介護付きのケアホームに入るとか、何かイメージを作っておかなければいけないと思いますね。漫然と何もせずにいるのがいちばん罪深いですよ。

岡本●その意味では、毎年修正するにしても遺言を書いておくことはとても大事ですね。その時点のベストの選択肢を書いておくと。

林●大事なのは、一人で考えるのではなくて、配偶者と常に相談をすること。死んだら、こっちは責任の取りようがないでしょう。遺された人がどうするかという問題ですからね。だから息子なり、娘なり、妻なりと常に互いにどうするかということを書面にして明確にしておくことが必要ですよ。たとえば「延命治療をするかどうか」でも、口頭では証拠にならないので、ちゃんと書いておくよう医者の息子に言われています。書面になっていれば、「自分は医者だけれども、父がこのように意思を表明しています」ということで、延命措置を付けないで済みますからね。そうでないと医者という立場から付けざるを得ない場合もあるでしょうし。

岡本●僕は尊厳死協会に登録していますよ。とにかく、意図を明確にしておくことが必要ですね。

林●それはとても良いことだね。

岡本●私は毎日瞑想をしているのだけれど、瞑想って本当に「死ぬ練習」だと思う。瞑想中のように意識が意識だけを意識していて、その意識がすーっと消えていくような死に方ができたらいいなと思いますね。とにかく「元気で死にたい」。「早寝早起き、腹八分目、酒はほろ酔い、色を慎め」というからね（笑）。

林●僕は酒はもともと飲めないから、結果的にそうなってるかなあ。仕事上、早寝早起きはちょっとダメだけどね。色は……（笑）。

岡本●お互いに10代から生きざまを眺め合ってきて、全然違う人生の経路をたどってきているのだけど、こうやって「死に方」の話までするようになってきた。そして、同じような結論に到達している。おもしろいねえ。

長い付き合いというのは本当にありがたいものですね。まさに生きている価値がここにあるような気がしますね。

おわりに

「金遣い」という言葉にはややネガティブな印象がある。「あの人は金遣いがあらい」とは言っても、「あの人は金遣いが良い」ということはあまり聞いたことがない。これはそのまま、おカネを使うことへの日本人が持つ抵抗感の現れなのかもしれない。

それは「金遣い」のみではなく、「おカネ」そのものの悪いイメージが関係している。私が行っている中学校や高校での出張授業でアンケートをとると、「おカネはきたない」、「おカネ持ちは悪い人」と答える生徒が圧倒的に多い。未成年の時代からお金に対する悪いイメージを醸成するような社会環境があるのではないだろうか。

人生の目的は「おカネ持ち」になることではない。人は「しあわせ持ち」になるために生きている。

おカネはしあわせ持ちになるための一つの道具に過ぎない。道具とは使うものだ。つまり、しあわせ持ちになるという目的のためにどのようにおカネを使うかということが重要なのだ。本書のメインテーマは「良いおカネの遣い方」であると同時に「良い生き方」であるといってよい。

経済学の一番根本にある永遠の真実は、人間の欲望には限りがないが、資源には際限があるということである。つまり、我々に満足をもたらす資源には希少性があるということだ。そこに「トレードオフ」の関係が発生し、少しでも全体の効用を高めるために分業と交換が行われるようになった。ある満足を得るためには、何かを手放さなければならないというのが原則である。

満足を得るためにある商品を買う、その満足の見返りとして額に汗して稼いだ大切なおカネを手放す。満足を与えてくれたことに対する感謝の念としておカネを渡す。本来、「おカネは感謝のしるし」である。

私はおカネの遣い方には「ためる（貯蓄）」、「つかう（消費）」、「ゆずる（寄付）」、「ふやす（投資）」があると考え、これを「ハッピー・マネー®4分法」と名付けている。

貯蓄は「がまんをすることで喜びが増える」ことを、消費は「おカネがご縁のネットワークを結んでくれること」を、寄付は「人の笑顔は自分の笑顔であること」を、そして、投資は「おカネを良い世の中つくりに活用できること」を教えてくれる。

また、消費は「いまの自分が喜ぶ」、貯蓄は「少し先の自分が喜ぶ」、寄付は「自分だけでなく世の中が喜ぶ」、投資は「未来の自分が喜ぶ」ことである。

それゆえ、ハッピー・マネー®4分法は我々の意識を「いま・自分」という狭い枠から、「未来・世の中」へと広げてくれる。このような意識の広がりこそ、私は人間の「品格」の基礎になっていると考えている。

本書を共著させてもらった林望君には『節約の王道』という好著がある。「節約」と「金遣い」は矛盾するものではない。良い稼ぎ方をして、おおいに節約をして、そして、その資金を良い金遣いに充てることこそ、『金遣いの王道』なのだ。

本文でも触れているが、私は以下のような方程式が成り立つのではないかと思っている。

内側の富＝外側の富×おカネ1単位当たりの幸福感

外側の富はモノやおカネである。それらは基本的に金額に換算できる。内側の富は心の内面的な幸福感や満足感だ。おカネ1単位当たりの幸福感はその人の持つ「価値観」であり、「品格」であると考えてよい。

本書1章でふれたとおり、世の中には外側の富が増すほどに品格が下がる人がいる。そのような人は内面的な幸福感が少しも増えない。一方、外側の富が増すにつれて品格が向上する人もいる。そのような人は幸福感がどんどん増加する。

前者は「おカネの奴隷」、後者は「おカネの主人」だ。

戦後、日本が貧しかったときは「清貧」ということが良く言われた。貧しくとも清く生きることが尊いことであるという意味だ。

しかし、今日、日本はありがたいことに豊かな国になった。この時代、求められるのは「清富」だろう。豊かな富をいかに清く使うかが問われているのである。このようなおカネの遺い方をすることこそ、「しあわせ持ち」への道だろうと思う。

人生を豊かにする富は、私は6つの「富《フ》」があると思う。それらは「ファイナンシャル・アセット（金融資産）」、「フィットネス（健康）」、「ファミリー（家族）」、「フレンド（友人）」、「ファン（趣味、楽しみ）」、「フィランソロピー（社会貢献）」だ。

六角形の各頂点にそれぞれを配置したとして、これらの富がバランスよく、しかも大きくひろがっているほど、その人の幸せ度は高い。これが「しあわせの六角形」である。

それでは「仕事」はどのような位置づけになるのであろう。私は仕事の本質は、「社会貢献」、「金融資産の形成」、そして、「楽しみ」が合体したものだと思う。そして、それを支えてくれるのが健康、家族、友人などであろう。

さらに、子どもの「勉強」は将来、良き社会人として、プロとしての仕事に能力が発揮できるようになるための長期投資なのである。

人生は3つのステージに分かれる。最初の30年ぐらいが「学び」の時代だ。生れ落ちてから社会人として一人前の仕事ができるようになるまでである。この時期は人的資産の形成期だといえる。

次の30数年が「働き」の時代である。この時期は学びの時代に形成した人的資産を活用してそれをもとに金融資産を形成していく。

一般にミドルと言われるこの時期、多くの場合、稼いだおカネは生活費、子どもの養育費、そして、老後のための経済基盤の構築という3つの目的に使われる。相当の高給取りであれば問題ないであろうが、普通の生活者はこれら3つを十分に満たすだけの報酬はない。それゆえに、老後資金については、退職までに時間的な余裕のあるうちに、お金を「働かせる」必要がある。それが投資なのである。

そして人生最後の30数年は「遊び」の時代である。真の遊びとは自分が本当に好きなことをしていると、それがそのまま世の中の役に立つものである。しかも、金銭的な目的を持たないものだ。

この時代、我々は「生きざま」を形成していく。そして、それは、次の世代の人的資産の形成になる。「あのじいさん、かっこいい」、「あんなおばあちゃんになりたい」というモデルを若い世代に見せてあげることが遊びの時代の役割だと思う。

わが畏友、林望君も私もほぼ「遊び」の時代に入ったといえるだろう。そこでこれまでの人生を振り返り、未来を夢見てさまざまなことを話合った。林君とは大学時代、同じクラシカル・ギター・クラブに所属して以来の友人である。お互いに全く異なった道を歩んできたが、不思議といつも心にかかる存在であった。メールという便利な道具が普及して以来、コミュニケーションが容易にできるようになった。そして、違う道を歩んできた二人が非常に共通した考え方に到っていることを発見した。

私は「クラブ・インベストライフ」という長期投資家仲間のためのグループを主宰している。そして、会報誌「インベストライフ」(ネット・マガジン、無料、www.investlife.jp)を毎月、刊行している。その巻頭対談を林君に依頼したところ快諾をしていただいた。それが本書が実現するきっかけである。

その後、何度も長時間にわたり対談を続けてできたのがこの本である。若いころからの友人とこの歳になって来し方、行く末を語り合う。なんという贅沢だろう。本書によって、私としては人生のひとつの記念塔を立てることができたと思っている。読者のみなさまにも二人の対談が人生のヒントになれば幸いである。

最後になってしまったが、本書を実現させていただいた日本経済新聞出版社、編集を担当してくれた長澤香絵さん、田中美代さんにお礼を申し上げたい。

そして尊敬するわが友林望君、これからもお互いに刺激しあいながら良い人生を生きたいものですね。

二〇一三年一〇月

岡本　和久

林 望 はやし・のぞむ

作家・書誌学者。1949年東京生まれ。慶應義塾大学大学院博士課程修了。専門は書誌学、国文学。ケンブリッジ大学客員教授、東京藝術大学助教授等歴任。『イギリスはおいしい』で日本エッセイスト・クラブ賞、『林望のイギリス観察辞典』で講談社エッセイ賞。『謹訳源氏物語』全十巻のほか、『節約の王道』『帰宅の時代』など著書多数。

岡本和久 おかもと・かずひさ

投資教育家。1946年東京生まれ。米国コロンビア大学留学後、慶應義塾大学経済学部卒。日興證券株式会社入社、証券アナリスト・ストラテジスト業務に従事。92年より旧バークレイズ・グローバル・インベスターズで、代表取締役社長として年金運用業務に携わる。2005年、個人投資家向け投資セミナーを行うI-Oウェルス・アドバイザーズ株式会社を設立。『100歳までの長期投資』など著書多数。

日経プレミアシリーズ 224

金《かね》遣《づか》いの王《おう》道《どう》

二〇一三年一一月八日 一刷

著者 林 望 岡本和久

発行者 斎田久夫

発行所 日本経済新聞出版社
http://www.nikkeibook.com/
東京都千代田区大手町一—三—七 〒一〇〇—八〇六六
電話（〇三）三二七〇—〇二五一（代）

装幀 ベターデイズ

印刷・製本 凸版印刷株式会社

ISBN 978-4-532-26224-2 Printed in Japan

日経プレミアシリーズ057

節約の王道

林 望

「家計簿はつけない」「スーパーには虚心坦懐で赴く」「小銭入れは持ち歩かない」「プレゼントはしない」等等、四十年間みずから実践してきた節約生活の極意と、その哲学をはじめて語り下ろす。一読すれば節約が愉しくなる、生活防衛時代の必読書。

日経プレミアシリーズ203

食と健康の話はなぜ嘘が多いのか

林 洋著　重松 洋監修

流行の健康法や食事療法には、残念なもの、危険なものも……。ダマされないために、人体の基本を勉強しましょう。人間と「栄養」の関係をユーモラスに解説し、「肉を食べる意味」「糖質制限食のリスク」「サプリの効果」など、具体的ケースを考えるユニークな一冊です。

日経プレミアシリーズ200

『養生訓』病気にならない98の習慣

周東 寛

「命の長短は、すべてその人の養生しだい」――こう説くのは、江戸時代の儒学者・貝原益軒が書いた『養生訓』だ。超高齢化社会を迎える今、この300年も前に書かれた健康指南書に注目が集まっている。医学博士・周東寛が、益軒の食や生活習慣に対する教えを科学的に分析し、『養生訓』の現代的意義と、読んだその日から実践できる「病気にならない98の心得」を指南する。